KB269902

또 다른 세계화

DOMINIQUE WOLTON

또 다른 세계화

세계는 지금 어떤 소통을 꿈꾸는가

도미니크 볼통 지음 | 김주노 옮김

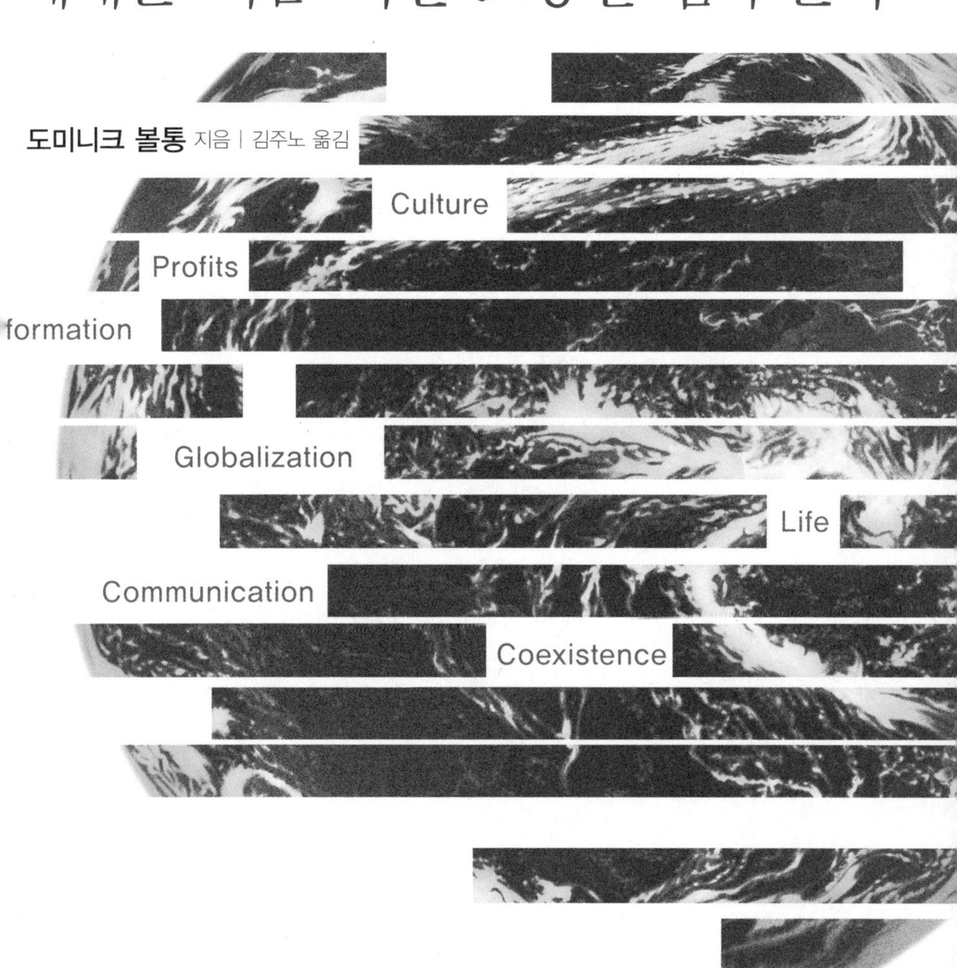

살림

차 례

21세기 핵심 과제, **문화 공존**

우리는 지금 세계화 시대를 살고 있다. 운송 수단과 시장, 통신 기술의 발달로 한 대륙에서 다른 대륙으로 몇 시간 만에 갈 수 있다. 그리고 세계의 모든 사람들과 동시적으로 정보를 교환할 수 있으며, 세계 각지에서 일어나는 거의 모든 일을 알 수 있다. 이런 세계화는 모두 3단계에 거쳐 일어났다. 첫 번째 세계화는 정치 세계화로, 1945년 제2차 세계대전이 끝나고 유엔(UN)이 결성되면서 이루어졌다. 유엔의 목적은 평화와 민주주의, 인권, 국가와 문화, 종교 존중을 기반으로 한 새로운 세계 질서를 구축하는 것이었다. 두 번째 세계화는 경제 세계화로, 1950년대와 1970년대 서구 사회의 막강한 경제성장을 배경으로 이루어졌다. 이는 1980년대 공산주의의 붕괴 이후 더욱 강화되었는데 특히 북한을 제외한 구(舊)소련과 중국을 비롯한 세계의 거의 모든 국가들이 시장경제와 자유무역을 바탕으로 한 자본주의 근대화의 거대한 물결에 합류했다. 세 번째 세계화는 문화 세계화로, 눈부시게 발전하는 정보 통신 기술을 바탕으로 인터넷, 영화, 비디오 게임, 컴퓨터와 무선통신기기 그리고 페이스북(Facebook)과 같은 소셜네트워크에서 찾는 콘텐츠를 생산하는 문화 산업체들이 이끄는 세계화다. 이는 정보-소통의 세계화라고도 할 수 있을 만큼 각 문화 산업체의 상호 결합을 가능케 하는 인터넷을 중심으로 조직되었다. 이런 세계화는 단 한 번의 '클릭'으로 세상을 마음대로 좌우할 수 있다는 인상을 줬다. 그러나 이 세 번째 세계화는 21세기의 가장 역설적인 상황을 연출했다. 사람들은 정보-소통의 세계화가 인류에게 지적인 풍요로움과 개방 정신, 인간 해방을 선물할 것이라 생각했다. 물론 그에 공헌한 것도 사실이지만 다른 한편으로 세계화는 사람들의 행동 양식과 믿음, 풍속에 있어서 타자와 영구적으로 대립하도록 만들었다. 이는 전혀 예상하지 못한 결과였다. 과거에도 우리는 저 먼 어딘가에 다른 방식으로 존재하는 사람들에 대해 인지하고 있었지만 그 정보는 간접적이었다. 또한 그들과는 거의 측정할 수 없을 정도로 먼 거리를 두고 분리되어 있었다. 하지만 현대에 들어 기술 발전에 의한 시공간 거리의 축소와 함께 우리는 거의 매일 잡지와 라디오, 텔레비전, 인터넷으로 전달되는 정보들을 통해 바로 우리 곁에 존재하는 타자들과 대면하고 있다. 그러나 이로 인해 우리가 그들을 더 잘 이해하게 되지는 않았다. 더 많은 정보를 갖는다고 해서 세상을 더 잘 이해하게 되는 것은 아니었다. 오히려 그 반대일 수도 있다. 문화 세계화는 인류의 문화적 차이와 종교적 특수성 그리고 경제적, 사회적 불평등을 더욱 눈에 띄게 하고 서로 간의 몰이해를 심화시킨다. 이것은 21세기의 가장 큰 모순이라 할 수 있다. 마셜 매클루언(Marshall McLuhan)이 언급했듯이 세계는 기술적인 관점에서 하나의 거대한 마을, 즉 '지구촌'이 되었다. 하지만 정치적, 사회적, 문화적 분절은 더욱 커졌다. 이는 기술적 진보와 사회적 진보 사이의 거대한 단절을 의미한다. 19세기 이후로 우리는 기술적 진보가 경제적 이익과 사회적 관계 향상을 불러오고, 문화적 혁명에 기여한다고 생각해 왔다. 그러나 오늘날 이 개념은 더 이상 타당하지 않다. 이제 기술적 진보는 서로 간의 차이를 확인시키며 몰이해와 두려움, 거부를 불러온다. 기술적 진보와 함께 소통은 퇴보하고 있는 것이다.

이제 우리는 소통에 대한 철학을 재고해야 한다. 이것이 바로 이 책의 목적이다. 문화 세계화가 긴장과 증오, 충돌의 원인이 되지 않기 위해서 노력해야 한다. 거대한 다국적 문화 산업이 세계를 지배하는 시대에 상호 이해와 관용, 공존을 이루어야 한다. 기술적 진보와 사회적 진보가 공존하기 위해서는 문화적, 종교적, 사회적 차이점들을 용인하고 그런 차이에도 불구하고 평화적인 공존을 구축하는 '또 다른 세계화'를 위해 고민해야 한다.

우선 우리는 문화 세계화의 조건들을 생각해야 한다. 정보와 소통의 관계를 더 잘 분석하고, 문화적 차이점과 문화들 간의 관계에 대한 거대한 정치적 문제 제기가 필요함을 인식해야 한다. 이에 대한 첫걸음은 2005년 10월에 유네스코(UNESCO)에 의해 채택되고, 2007년 3월 이후 '예상대로' 미국을 제외한 모든 나라가 비준하여 적용하는 '문화다양성협약(Protection of Diversity of Cultural Contents)'을 단호히 시행하는 것이다. 그리고 인터넷에 대한 규제, 문화 정체성 존중, 저작권 보호, 출판물과 출판 산업의 보호, 인터넷상의 언어 다양성 증진 등 여전히 실현해야 할 많은 일들이 남아 있다.

나는 오래전부터 소통을 연구해 왔지만 이 일에 대해 위급함을 인식한 것은 2001년 9월 11일 이후부터라 할 수 있다. 경제 세계화의 정점인 세계무역센터(WTC)의 붕괴는 문화 세계화라는 새로운 세계화가 도래했다는 것을 상징적으로 보여 주는 사건이었다. 이는 또한 새로운 형태의 테러리즘을 출현시켰다. 테러리즘은 아주 오래전부터 존재했지만 과거의 그것은 정치적, 경제적 질서, 즉 정치권력에 대한 투쟁과 특권적 경제 계급의 지배에 맞선 투쟁이었다. 반면 2001년 9월 11일의 그것은 문화적 질서와 관련된 것이었다. 빈 라덴과 알 카에다는 정치적, 경제적 요구를 하지 않았다. 그들의 목적은 세상의 나머지 국가들에 영향을 미치는 서구, 특히 미국의 문화적 지배를 고발하는 것이었다. 그들이 말하는 미국의 무기란 비디오게임, 영화, 음악, 인터넷과 같이 이슬람에게는 일종의 문화적 위협으로 간주되는 거대 문화 산업체들이었다. 이들은 이슬람의 가치에 반(反)했다. 진보와 종교적 자유, 여성의 지위 면에서 이슬람의 가치 대신 미국적 생활 방식을 주입하려 했다. 자유롭고 부유한 서구 사회와 가난한 이슬람 국가의 차이를 부각시켰다. 무엇보다 중요한 사실은 2001년 9월 11일의 테러리스트들이 항공 기술과 인터넷, 심지어 코카콜라에 이르기까지 서구적 기술 혁신과 취향을 자신들의 이익과 목적인 서구 문화의 지배에 대항하기 위한 수단으로 역이용했다는 것이다. 2001년 9월 11일은 문화 세계화의 어두운 면이 여실히 드러난 날이었다. 한쪽에서는 수많은 서구 문화가 거부됨으로써, 또 다른 쪽에서는 기술적 진보가 세계화에 대항하는 수단으로 사용되었다는 점에서 말이다. 세계화는 각 문화들 간의 평화적 공존이 아닌 전쟁의 원인이 되었다.

2001년 이후 우리는 이런 모순에 직면해 있다. 거대 문화 사업체들에 의한 서구 모델의 강요는 역으로 문화적 차이들을 더욱 첨예하게 한다. 이는 서구 밖은 물론 서구 속에서도 소수 문화들로부터 문화적 지배에 대한 항의를 불러일으킨다. 그리고 그들은 기술적 진보를 오히려 항의의 수단으로 사용한다. 그러나 현재까지도 이런 문제들에 대한 세계적 차원의 정치적 고려는 이루어지지 않고 있다. 2000년대 초와 2008년에 전 세계를 강타한 경제 위기는 이와 관련한 우리들의 인식 전환을 더욱 지연시켰다. 특히 세계 경제 대국들의 모임인 G8 혹은 G20는 부채 정리와 조세 문제와 같이 경제 규제에 의한 세계적 경제성장의 재시동에만 모든 관심을 쏟고 있다. 그들에게는 환경문제조차 경제성장에 영향을 미치는 한도 내에서만 수용되었다. 문화와 언어, 소통에 관한 문제는 부차적인 사항일 뿐이었다. 하지만 날로 성장하는 거대 문화 산업체들의 영향력은 각 문화들의 차이를 더욱 극명하게 부각시키고, 이로 인한 긴장은 전에 없이 격화되고 있다. 서구 사회가 해결할 수 있다고 판단하는 경제 위기가 점차 확대되는 서구에 대한 거부감을 동반하지 않을 것이라고 어떻게 장담할 수 있는가? 또한 문화적 차이가 경제 위기를 악화시키고, 나아가 문화 간 충돌 원인이 될 수 있다는 것을 왜 이해하지 못하는가?

모든 문제는 결국 우리가 정보와 소통을 혼동하는 데서 온다. 이 둘은 상호 보완적이면서도 확연히 다르다. 정보는 발신자가 메시지를 전송하여 더 빨리 더 많은 사람들과 접속하는 것에 초점을 둔다. 반면에 소통은 메시지를 받은 수신자가 그것을 얼마나 잘 이해하고 받아들이느냐에 초점을 둔다. 우리는 이로부터 일반 대중이 문화 세계화에 저항하는 원인을 찾을 수 있을 것이다. 수신자는 근본적으로 다양한 문화와 언어, 생활 방식을 가지고 있다. 이들은 자신의 교육 수준과 문화적 토대, 사회적 필요성과 종교적 믿음에 따라 정보를 분류하고 체계화한다. 하지만 메시지의 양이 증가할수록 그들은 자신의 관점을 수정하는 대신 그들이 속한 문화적 토대를 통해 본래의 의견을 더욱 공고히 한다. 이 지점이 바로 문화 세계화의 최대 난점이다. 거대 문화 산업체들은 전 세계를 정보의 홍수를 통해 침몰시키기만 할 뿐, 소통을 창조하지는 못한다. 그들은 수신자들의 정체성과 다양성을 전혀 고려하지 않기 때문이다.

문화 세계화와 관련된 문제에는 다음의 두 가지 선택지가 있다. 정보와 기술 이데올로기를 소통에 우선시하여 갈등이나 전쟁의 위험성을 높일 것인가, 아니면 수신자들의 다양성과 정체성을 존중하여 실제적인 문화적 대화를 정치적 의제로 내놓을 것인가. 앞의 경우 문화 정체성은 충돌의 원인이 될 것이지만 뒤의 경우 그것은 민주적 문화 공존의 기획이 될 것이다. 문화적 차이가 큰 만큼 서로 간의 대화는 매우 어렵고 복잡할 것이다. 종교와 교육, 건강, 환경, 여성의 지위 등 숙고해야 할 문제 역시 다양하다. 그런데 이런 정치적 도전에서 유럽이 의미 있는 성공 수단을 제공할 수도 있다. 유럽은 이미 오래전부터 국가들 간의 의미 있는 대화를 지속해 왔다. 유럽적 대화 모델은 그 자체의 독창성과 효과를 통해 전 세계적 차원의 대화에 영향을 미칠 수 있을 것이다.

하지만 최근에 유럽과 관련해서는 그러한 논의보다는 오히려 정치적 무기력, 경제 위기, 극우적 포퓰리즘의 급부상과 같은 것만 강조되고 있다. 그럼에도 불구하고 우리는 유럽 통합이 유럽의 평화에 기여한 측면을 잊어서는 안 된다. 세계적 차원의 대화에서도 민주적 절차를 통한 대화는 평화를 부르는 지름길이 될 것이다. 우리는 제2차 세계대전 이후 유엔을 탄생시킨 과정과 노력들을 떠올려야 한다. 유엔과 유네스코는 공산주의 붕괴와 탈(脫)규제의 경제 논리, 문화 산업의 발전에도 불구하고 그 기능을 유지하고 있으며, 어쩌면 문화 간 대화와 공존을 위한 유일한 수단이 될 것이다.

나의 작업은 문화들 사이의 소통과 공존을 옹호하는 '또 다른 세계화'다. 처음에 나는 문화 공존의 모델로서 유럽을(『민주주의 유럽의 탄생』, 1993), 그다음에는 소통 현상을(『소통을 생각한다』, 1997), 그리고 새로운 기술의 충격(『인터넷, 그 이후』, 2001) 등을 연구했다. 이후 프랑스 국립 과학연구센터(CNRS) 산하 소통과학연구소(Institute of Communication Sciences)에서 발행하는 「헤르메스(Hermès)」 등을 통해 문화 세계화의 중심이자 또 다른 세계화의 열쇠라 할 수 있는 소통과 문화, 정체성 사이의 관계라는 핵심적인 문제에 집중하고 있다. 이번 한국어판 『또 다른 세계화』 출간을 맞아 새롭게 두 개의 장을 추가하여 간행하게 된 점을 기쁘게 생각한다. 한국은 내게 문화나 정보-소통의 세계화 시대에 무척 매혹적인 나라로 다가왔다. IT 기술과 사이버 세계의 최강국이자 '한류'와 같은 창조적 문화를 가지고 있는 한국은 정보의 세계화와 문화 간의 대화에서 핵심적인 역할을 담당할 수 있을 것이기 때문이다. 특히 미국 문화와는 다른 문화적 가치를 소개함으로써 아시아와 이슬람 국가들로부터 커다란 환영을 받고 있는 한류는 문화들 간의 공존을 사고할 수 있는 장소가 될 것이다.

『또 다른 세계화』의 한국어판은 크게 두 부분으로 구성되었다. '또 다른 세계화'의 개념에 대한 이론적인 부분과 이런 연구 분석이 적용될 수 있는 실제 사례를 보여 주는 부분이다. 특히 뒷부분에서는 한국의 사례와 함께 최근 세계의 가장 핵심적인 쟁점이 된 '아랍의 봄' '후쿠시마의 반향' '유럽 재정 위기' 그리고 '포퓰리즘의 급부상' 등을 담고 있다. 이 주제들은 문화 세계화가 현실에서 아주 어려운 문제로 남아 있음을 입증한다.

제1장

정보와 소통의 차이

정보 과잉

　정보의 세계화는 전 세계 곳곳에서 일어나는 일들을 우리에게 좀 더 빠르고 직접적으로 전해 준다. 하지만 정보 증가와 상호 이해 증가 사이에는 아무런 직접적 연관이 없다는 사실을 알아야 한다. '정보는 소통을 이끌어 내지 못한다.'라는 것은 21세기의 새로운 명제다.

　예전에는 지금처럼 기술이 발달하지 못했기 때문에 정보가 매우 귀했다. 그래서 더 많은 정보는 곧 진보를 뜻했다. 지난 한 세기 동안 전화, 라디오, 텔레비전, 컴퓨터, 인터넷으로 이어지는 기술 발전은 무척 눈부셨다. '지구촌'이라는 말은 이런 정보의 세계화를 압축적으로 표현하는 말이다. 그리고 이 말은 사람들로 하여금 마치 기술적 진보가 소통의 진보인 것 같은 착각을 하게 만들었다.

하지만 세계적 차원의 소통은 여전히 언어적 속임수다. 기술이 발달할수록 오히려 소통의 골은 더욱 깊어만 갔다. 지난 10여 년간 불었던 인터넷 광풍은 엄청난 부산물을 남겼다. 인터넷이 사람들 간의 소통을 도울 것이라는 기대는 한풀 꺾였다. 정보 통신 시장의 열풍도 나스닥 버블과 함께 가라앉았다.

정보의 세계화란 서구 사회의 시각을 반영하는 말일 뿐이다. 즉 특정한 정치적, 문화적 모델과 연관된 세계의 견해다. '남북문제(North-South problems)'라는 표현이 말하는 것처럼 선진국과 개발도상국 사이에 대등한 관계는 존재하지 않는다. 문화 다양성은 정보 수신의 조건을 근본적으로 바꾸었다. 같은 기술에 의해 전해지는 같은 정보라 할지라도 지구의 이쪽 끝과 저쪽 끝에서 받아들이는 방식은 다르다. 정보의 과잉은 문제를 더 복잡하게 만들었다.

소통에서 문화적 요인이 차지하는 비중은 무척 크다. 소통이 제대로 이루어지기 위해서는 기술과 경제, 사회적, 문화적 조건들이 갖추어져야 한다. 이 중에서 기술과 경제는 발전이 빠르지만 사회적, 문화적 조건들은 복잡하고 느리다. 사람들은 도구를 바꾸는 데 빠르지만 소통의 방법을 바꾸는 데는 느리다. 이 세 가지 혁신 중에서 오늘날 기술과 경제적 혁신은 이루어졌다. 하지만 가장 중요한 사회적, 문화적 혁신은 아직 이루어지지 못했다.

이런 상황에서 기술의 발전은 이해를 증대시키지 못할뿐더러, 오히려 편견과 몰이해를 가중시킬 뿐이다.

물리적 거리의 단축은 문화적 거리를 확장시켰다. 세상과 우리를 더 가깝고 친근하게 만들 것이라 여겼던 세계화의 기술적 양상은 오히려 사람들에게 타자와의 차이를 분명하게 인식시켰다. 이 단절은 어디에서 오는가? 그것은 정보 수신자들이 송신자들과 같은 시공간에 존재하지 않기 때문에 발생한다. 특히 송신자들 대부분이 서구 선진국에 존재할 경우 개발도상국의 수신자들은 서구에 의해 만들어진 정보를 배척하며 그것을 문화 제국주의로 간주한다. 그렇다면 무엇이 소통에 관한 21세기 초반의 위대한 혁명인가? 그것은 수신자와 송신자 사이의 근본적인 불일치에 대해 인식하는 것이다. 더불어 사회적, 문화적 요인의 중요성, 즉 전 세계에 전파된 똑같은 메시지라 할지라도 개인들에게는 결코 똑같은 방식으로 수용되지 않는다는 사실에 대한 인식이다.

이것이 바로 21세기 소통의 출발점이다. 정보와 소통의 차이, 정보가 소통으로 전환되는 것의 어려움을 알고 이를 해결하는 것이 이 시대에 제일 시급한 문제다.

우리는 서로 다른 문화라 할지라도 일정 부분 '같은' 정보를 수용하리라 생각했다. 그러나 그것은 잘못된 생각이었다. 정보와 소통 사이에는 아주 깊은 골이 있었다. 공산주의 몰락 이후 전 세계적으로 언론 자유가 가속화되고 그에 따라 제공되는 정보의 양도 급속하게 늘었다. 하지만 수신자에게 있어 정보와 소통은 함께 찾아오지 않았다. 정보는 일방적인 수용을 전제로 한 메시지인 반면에 소통은 상호 이해를 중시한다. 이것이 소통이 정보보다 어렵고 복잡한 이유다.

문 화 충 돌

문화 세계화, 즉 정보-소통의 세계화에서 가장 큰 문제는 문화 간 충돌이다. 2001년 9월 11일 아침, 서구 사회는 마침내 '긴 잠'에서 깨어났다. 그들은 세계의 많은 나라들이 서구적 문화와 가치를 공유하지 않는다는 사실을 깨달았다. 서구적 영향을 많이 받은 나라일수록 적대감은 컸다. 정보의 세계화는 서구 선진국과 개발도상국 간의 몰이해를 두드러지게 했다.

문제의 핵심은 일방적인 정보를 어떻게 상호적인 소통으로 발전시킬 수 있는가 하는 데 있다. 이 둘 사이에는 '문화'가 존재한다.

정보의 세계화를 통해 제기된 소통의 문제는 정치적인 고려가 시급한 문제다. 전 세계를 떠도는 수많은 정보들이 각 개인들에게 어떤 영향을 미치는지에 대해서는 누구도 확실하게 말할 수 없다. 정보는 개인의 생각을 변화시키고 통찰력을 키운다. 하지만 동시에 개인이 기존에 가졌던 세계관과 충돌하기도 한다. 그 충돌은 우리가 알지 못하는 더 깊은 변화를 유발한다. 개인 안에서 새롭게 받아들인 '세계'와 그동안 구축된 '세계'는 서로 영향을 주거나 충돌한다. 그 과정은 끊임없이 반복되면서 정보 수신자의 비판적인 안목을 키우게 된다.

전 세계적으로 증가하는 반미(反美) 열풍은 미국이 정보를 분배하는 수단을 거의 독점적으로 소유하고 있다는 데 원인이 있다. 그리고 서구 미디어는 미국이 생산한 정보를 더 많이 분배한다. 반미 감정은 그에 따라 더 커질 수밖에 없다. 이런 사실을 두고 반미 감정이 반미주의 독재자들이나 종교적 근본주의자들에 의해 조장된 것이라고 믿는다면 그것은 심각한 오산이다. 서구 문화 산업체들의 생각과는 달리 문화나 정보를 소비하는 것과 이해하는 것은 전혀 다른 문제다.

정치와 문화의 보복

서구 엘리트들은 소통의 혁명을 단순히 기술적, 경제적인 문제로 격하시키고 그와 관련한 문화적인 요소를 전혀 고려하지 않았다. 그들은 대중매체로 자리 잡은 라디오와 텔레비전을 통해 여론 조작과 우매함만을 보았다. 인쇄 매체에 있어서도 그들에게 소통은 마케팅이나 상업성과 동의어였을 뿐 어느 누구도 거기서 상호 이해를 찾지 않았다.

지난 50여 년 동안 엘리트들에게 멸시받았던 소통의 문제가 이제 인류가 해결해야 할 가장 핵심적인 문제로 부상했다. 우리는 우리와 다른 삶의 방식들과 대화하는 방법에 대해 고민하게 되었다. 이에 관해서는 아프가니스탄 전쟁 동안 급부상한 알 자지라(Al Jazeera) 방송과 이에 대한 서구 사회의 반응을 살펴볼 필요가 있다.

20세기와 21세기에는 소통 질서의 차이가 존재한다. 20세기에는 텔레비전과 인터넷이 출현해 '지구촌'이라는 개념이 만들어졌으며, 이는 기술이 문화보다 우위에 있음을 상징적으로 보여 줬다. 그 후 영화와 텔레비전, 음악, 출판, 언론, 소프트웨어 등 거의 모든 분야가 거대 문화 산업체들을 통해 유통되었다. 즉 경제 논리의 승리였다. 하지만 어느 누구도 이런 경제 논리가 민주주의를 위협할 것을 알지 못했다. 그 결과 지난 20여 년 동안 신자유주의 이데올로기와 탈규제의 물결이 범람했다. 그러나 21세기 초에 일어난 9·11 사태와 세계무역기구(WTO)의 교섭, 나스닥 폭락, 그리고 AOL(American On Line)과 비방디 유니버설(Vivendi Universal), 베텔스만(Bertelsman)과 같은 대형 문화 산업체의 붕괴는 이제 상황이 뒤바뀌었음을 말해 주었다. 우리는 마침내 신자유주의가 문화와 소통에 끼친 막대한 피해를 인식하게 되었다. 그리고 적어도 두 가지 영역에서 정치적 행동을 취해야 한다는 것을 알게 되었다. 먼저 서구 선진국이 문화 다양성을 존중하고 그들의 거대 문화 산업체들을 규제하는 것을 목적으로 하는 것이 하나이며, 정보 순환 경로의 조정을 목적으로 하는 것이 나머지 하나다. 이 것은 오늘날의 문화 세계화 문제가 더 많은 정보 생산보다는 그 것을 수용하는 개인, 집단, 민족들에 대한 충분한 고려에 기인하고 있음을 말한다.

현대사회의 양면, 개방성과 정체성

개방성과 정체성은 현대사회의 두 가지 핵심 양상이다. 개방된 사회일수록 정체성에 대한 고민이 깊다. 유럽의 경우 서로 다른 문화들의 접촉이 빈번했기 때문에 오랜 기간에 걸쳐 정체성에 대한 고민을 해 왔다. 하지만 개발도상국의 경우는 유럽과 달리 정체성에 대한 고민이 너무 성급하게 찾아왔고 그들은 그에 대해 매우 불안정하게 대처했다. '근대'라는 개념은 개발도상국의 입장을 고려하지 않고 그들의 전통과 정체성을 붕괴시켰다.

이것은 개인의 차원에서도 마찬가지다. 현대인들은 개방성이 극도로 강화된 제3세대 이동통신을 사용하면서 오히려 그들의 정체성과 삶, 문화와 같은 것들에 더욱 관심을 갖게 되었다. 그들은 개방성과 더불어 가치와 전통, 언어와 같은 넓은 의미의 문화를 필요로 했다. 정체성을 향한 이 강렬한 욕구를 회피하고, 근대성을 단지 개방성으로 축소하려는 것만큼 어리석은 일은 없다. 나는 정체성 초월의 증거로 거론되는 '혼혈'이나 '세계주의(Cosmopolitisme)'와 같은 문화적 융합을 주장하는 의견들에 동의하지 않는다. 나는 개방의 충격을 완화하기 위해 오히려 문화적 원류가 필요하다고 생각한다. 각각의 정체성이 고려된 상태에서만 모든 형태의 개방, 즉 세계화에 찬성할 것이다.

더 많은 것을 보고 더 많은 것을 알게 된 오늘날, 서구 선진국이 생각하는 세계화와 다른 나라들이 생각하는 그것은 사뭇 다르다. 오늘날의 '세계화'란 어쩌면 '서구 사회의 정체성을 위협하지 않는' 세계화일지도 모른다. 진정한 소통이란 서로의 문화적 정체성이 존재할 때 비로소 가능하다. 지금의 세계화는 개발도상국보다 서구 선진국에게 훨씬 수월했다. 바로 여기에 근대성의 오류가 있다. 개방의 욕구를 곧 정체성의 포기로 생각하는 것이다. 하지만 여기에는 선택의 여지가 있을 수 없다. 이 둘 중 포기해도 되는 것은 없다. 세계화 시대의 문화 공존은 사회적, 정치적 의제로 다루어져야 할 것들 중에 가장 중요하다.

다시 말해 오늘날은 정보 산업의 세계화가 이루어진 시대일 뿐, 소통의 세계화가 이루어진 시대는 아니다. 전 세계적 문화 산업은 있을지언정 전 세계적 문화라는 것은 없다. 세계에 존재하는 모든 문화는 특별하다. 지배적인 문화는 자신들의 문화만을 타자에게 강요하지만 그것은 그들이 원하는 대로 수용되지 않는다. 히틀러 시절의 프랑크푸르트학파가 두려워했던 것과 달리 오늘날 라디오와 텔레비전과 같은 대중매체는 끝내 전체주의의 도구로 전락하지 않았다. 지나온 시간 동안 메시지의 양만 늘어난 것이 아니다. 그만큼 수신자의 문화적 조건 또한 더욱 다양해졌다.

한때 서구 사회는 미국 방송사 CNN을 통해 세계를 통합할 수 있다고 믿었다. 그리고 그들은 지금 인터넷으로 세계를 하나로 묶을 수 있다고 믿고 있다. 이런 순진한 믿음은 경제적인 측면에서는 가능할지도 모른다. 지금 서구의 문화와 정체성은 인터넷을 통해 개발도상국들로 전해져 그들을 정신적으로 식민지화하고 있다. 인터넷은 개발도상국의 집단적, 문화적 정체성을 마치 구시대 유물처럼 취급한다. 그리고 자신이 세계적 소통의 우월한 수단인 양 행세한다. 인터넷은 서구의 새로운 문화 제국주의의 첨병 역할을 하고 있는 것이다.

하지만 그들의 환상은 컴퓨터의 전원이 꺼지면 함께 날아가 버릴 것이다. 인터넷에 접속된 개발도상국 국민들의 깊은 의구심은 막을 길이 없다. 인터넷을 통한 폭력적인 반응과 거기서 제기된 영토 문제와 문화적, 종교적 배타주의가 이를 입증한다.

문제의 핵심은 이처럼 정보의 세계화가 심화된 시대에 어떻게 문화 공존을 이룰 것인가 하는 데 있다. 우리는 개방성과 정체성

모두에 만족할 만한 해답을 찾을 수 있을 것인가? 아니면 경제 논리에 묻혀 이 문제를 과소평가한 채 이것이 인류를 위협하는 부메랑이 되어 돌아올 때를 기다릴 것인가?

문화적 다양성 추구

근대성과 개방, 문화와 정체성이라는 서로 모순된 두 영역의 갈등이 꼭 필연적인 것만은 아니다. 소통과 문화는 거대 문화 산업체들의 수익 원천이자 서구 인본주의의 필수적인 가치들을 싣고 있기 때문이다. 거대 문화 산업체들이 전 세계 60억의 개인들로 구성된 광대한 시장만을 본다 할지라도 소통과 문화의 심장에 자리 잡은 인간 해방의 이상은 남아 있을 것이다.

하지만 가장 중요한 것은 언제나 행동과 실천 가능성이다. 소통과 문화는 수익의 영역이자 가치의 영역이고, 해방이자 합리성이고, 경제적 시장이자 정치적 사투의 장소이기도 하다.

소통과 문화는 기능적인 측면에서 쉽게 전파, 교환되고 한낱 서비스 상품으로 그칠 수도 있다. 하지만 그 안에 담긴 규범적인 측면은 인간적이고 사회적인 활동들로 공유되고 이해될 수 있다. 소통과 문화에는 언제나 이와 같은 이원성이 있다. 이 두 가지 측면은 항상 결합 상태로 존재한다. 사상은 결코 실제적 요구와 동떨어져 있지 않으며, 이것이 바로 행동의 여지가 존재하는 이유다.

　정체성과 소통에 대한 우리들의 욕구는 다원적이고 모순적이다. 우리는 여기서 문화와 소통의 복합성을 인식한다. 그들은 인간 해방의 본체이자 만개하는 산업의 근원이며, 동시에 정체성으로의 회귀 수단인 것이다. 이것이 오늘날 반(反)세계화운동이 일부 계승한 다자간투자협정(AMI, Accord Multilatéral d'Investissement)과 국제무역기구(OMC, Organisation Mondiale du Commerce)의 긴장으로부터 기인한 문화 다양성을 위한 투쟁을 설명한다. 만약 문화와 소통이 이런 양면성을 가지지 않았다면 아마 분쟁도 없었을 것이며 인터넷의 독재 권력이나 소위 말하는 빅브라더(Big Brother)도 존재할 수 없을 것이다. 거대 문화 산업체들은 유행을 강요할 수 있지만 문화를 조정할 수는 없다. 왜냐면 공동체나 사람들은 즉각적이고 구체적인 것은 아닐지라도 그러한 시도에 저항할 능력을 가지고 있기 때문이다.

　나는 마르크스주의자들처럼 문화 산업이 인간 해방보다는 문화 지배에 더 가까이 있다고 믿는다. 하지만 나는 개인과 민족들이 그런 문화 지배를 고분고분 받아들일 것이라고는 믿지 않는다. 비록 그들이 지배당하고 있을지라도 그들에게는 분명 행동의 여지도 존재하기 때문이다. 그렇다면 어떻게 그런 행동의 여지에 가치를 부여할 것인가? 그것은 문화와 소통의 규범적인 측면이

기능적인 측면을 비평하고, 기술 이데올로기를 분쇄하며, 시장 옹호자들을 비판하고, 대중매체가 수행하는 사회적 관계의 핵심적 역할을 강조하며, 대중매체 속에서 공공 서비스의 가치를 부여하고, 세계적 문화에 대한 국가적 문화 정체성의 가치 정립을 기억하는 것이라 생각한다.

이런 행동들은 분명 충돌을 야기할 것이다. 확장 일로에 있는 거대 문화 산업체들은 그들의 시장을 더 확장하기 위해 소통과 문화의 기능적 측면을 역설할 것이다. 하지만 그와 같은 불확실성이 문화와 소통의 가치들을 완전히 도구화하려는 문화 산업을 가로막을 것이다. 상업적 격류와 싸우기 위해 규범적 토대들에 의존하는 것은 언제나 합당하다.

문화가 가진 의미

기술은 세계화의 중요한 요소다. 우리는 세계를 향해 창을 여는 도구로서 라디오와 텔레비전의 중요성을 충분히 말하지 않았다. 10억 대의 휴대전화, 거의 같은 수의 인터넷 그리고 45억 대의 라디오, 35억 대의 텔레비전의 역할은 더 많은 개방의 증거로서 반드시 짚고 넘어가야 할 부분이다. 독재적인 정권은 통신 기술을 경계한다. 확산되는 메시지의 영향력은 그 무엇으로도 통제할 수 없다.

지난 1세기 동안 정보 자유를 향한 투쟁이 없었다면 문화적 문제가 지금처럼 중요한 자리를 차지하지 못했을 것이다. 이것은 전 세계적 차원에서 거둔 통신 기술의 승리라 할 수 있다. 또한 그것은 세계 문화의 경계와 그에 대한 인식과 수용의 필요성을, 그리고 국가적 산업과 문화 사이의 관계를 보존할 필요성을 제기했다. 서구 선진국이 더 이상 전 세계를 대상으로 자신의 독점적 발전 모델을 강제할 수 없다는 것과 민주주의와 개인적 자유의 개념을 과소평가하는 것은 별개의 문제다. 하지만 기계적인 시각으로 서구를 비판하는 것 또한 난센스다. 우리는 한 사회나 문화가 다른 사회와 문화에 비해 더 민주적이라거나 더 자유롭다고 생각해서는 안 된다. 문화 다양성을 존중하는 것이 곧 서구 민주주의에 반대함을 뜻하는 것은 아니다.

과거 동구와 서구 간의 갈등과 오늘날 선진국과 후진국 간의 불평등에도 불구하고 그들이 공생할 수 있는 모든 법률적, 정치적 개념, 즉 국제 공동체의 개념을 구상하고 조직할 수 있었던 것은 서구 사상 덕분이다. 서구주의로부터 탈피하기 위해 서구주의에 그 뿌리를 두고 있는 보편주의마저 거부할 필요는 없다. 서구가 문화 상대주의를 인식하는 데 성공한다면 그들은 보편주의의 서구적 기원을 재확인하는 데에도 공헌할 것이다. 이것이 2001년 11월에 합의된 문화다양성협약의 공포를 통해 유네스코가 약속한 것이다. 이 협약은 문화에 대한 아주 방대한 정의를 내놓았다. '문화는 사회와 집단을 특징짓는 독특하고 정신적이며 물질적인, 지적이고 감정적인 특색들의 총합으로서 고려되어야만 한다. …… 또한 문화는 예술과 문자, 생활 방식, 가치 체계, 함께 살아가는 방식 그리고 전통과 믿음 모두를 포함한다'. 이 정의는 문화 다양성이 지속 가능한 발전을 보증하는 담보물로 소개된 2002년 요하네스버그 총회에서 다시 한 번 확인되었다.

이는 문화에 대한 새로운 정의이자 한편으로는 '교양 있는 문화'로서 전통적 문화유산에 관련된 '문화'보다 훨씬 큰 의미를 가지는 것이다. 오늘날 문화는 모든 전통적이고 현대적인 요소들을 포함한다. 결국 문화란 우리가 생각하는 것 이상으로 역동적이고 복잡한 현상이다. 정보 순환의 증가에 의해 야기된 불안정에 맞서 문화는 동시에 안정성의 요소로 남게 되었다.

모든 문화는 자신의 뿌리를 보존하려는 정체성과 현대 세계에 적응하려는 개방성을 가지고 있다. 그런데 지난 1세기 동안 이 둘의 균형이 바뀌었다. 오늘날에 이르러 개방성이 가지는 무게는 훨씬 커졌다. 개방성은 근대화라는 이데올로기 속에서 현재에만 초점을 맞추고 있다. 그런데 이런 상황은 역설적이게도 1세기 전이었다면 그렇게 중요하게 생각하지 않았을 정체성에 관련된 문제를 제기했다. 바로 이 정체성에 대한 숙고는 우리 앞에 있는 문화의 지위에 관련해 매우 중요한 물음이다. 이것은 소통의 세계화가 가져온 결과로서 크나큰 역설이 아닐 수 없다.

우리는 소통과 문화의 개방 과정에서 다음 세 가지를 중요하게 살펴야 할 것이다. 첫째, 전화에서 라디오, 텔레비전에서 컴퓨터로의 기술 세계화는 개방을 위한 매우 효과적인 요소였다는 점. 둘째, 문화적 다양성에 특별한 관심을 가져야 한다는 점. 마지막으로 서구에 의해 강요되는 세계화에 제한을 가해야 한다는 점이다.

수신자의 지위와 역할

소통의 세계화는 우리에게 이타성에 대해 생각하게 한다. 특히 사람들이 자신의 주장을 가장 확실히 표현하는 정치 문제에서 우리는 이미 그것을 목격한 바 있다. 미국의 CNN은 1991년 걸프 전쟁 때부터 9·11 이후 아프가니스탄 전쟁에 이르기까지 미국인들의 관점을 극단적으로 보여 주었다. 그런데 아랍의 알 자지라의 출현은 이런 미국의 정보 독점에 조종을 울렸다. 빈 라덴에 대한 정보를 얻기 위해 알 자지라에 의존해야 했던 서구인들은 마침내 두 가지 측면에서 인식의 전환을 해야만 했다. 첫째는 그들이 자신이 아닌 다른 경로로 정보를 입수해야 한다는 것. 둘째는 수신자의 반응을 알아볼 때 이제 아랍 국가의 여론도 고려해야 한다는 것이다. 나아가 미래에는 똑같은 문제가 라틴아메리카와 아시아, 아프리카에도 동일하게 적용될 것이다.

이후로 이런 관점에서 정보의 지위에 대한 새로운 인식이 이루어지고 있다. 그간 언론은 수신자와는 관계없이 자신이 정확한 사실이라고 생각하는 것에 관해 정보를 생산했다. 하지만 그런 일은 더 이상 가능하지 않게 되었다. 언론에게 있어 수신자는 불가피한 존재가 되었다. 하지만 이 말이 곧 수신자들이 듣고 싶어 하는 정보만 만들어 내라는 말은 아니다. 이것은 오히려 수신자들의 언론 정보의 자유를 침해하는 일이다. 언론이 힘써야 할 부분은 정보를 다양화하는 것과 수신자의 관점을 고려하는 것이다. 수신자들은 결코 수동적이지 않을뿐더러 세상의 다양한 문제들에 관심을 가지고 있다.

가까운 미래에 세계는 이집트나 인도, 브라질과 같이 지금은 서구 선진국들에 의해 철저히 무시당하고 있는 나라들의 문화 상품에 눈떠야 할 것이다. 지금처럼 서구의 기능적 소통 모델이 지배하는 동안 수요는 오로지 공급에 의해 좌우될 것이다. 하지만 보다 규범적인 소통 모델이 도래하는 순간 우리는 문화적 공유와 공존의 문제를 더 많이 생각할 수 있을 것이다.

21세기에는 수신자를 고려한 문화 다양성의 정치를 진지하게 고민해야 한다. 이것이 곧 문화 공존을 위한 지름길이다. 수신자를 고려하지 않는 소통이란 존재할 수 없다. 지금까지는 오로지

속도만을 생각해 왔다. 이것은 분명 잘못된 방식이었다. 이제부터는 수신자의 입장을 고려해야 한다. 그리고 수신자의 정통성을 인정해야 한다. 이는 곧 다양한 문화의 수신자들 사이의 동등한 존엄성을 인정하는 것이기도 하다.

결론적으로 수신자를 고려한다는 것은 곧 이타성과 공존에 대해 생각하는 것이며, 이것은 21세기의 가장 중요한 정치적 문제들 중 하나다.

+ 제안들

1) 문화 산업의 특성을 인식하자

정보와 소통, 문화를 다루는 문화 산업은 다른 산업과 달리 경제 논리를 초월한 특별한 위상을 가져야 한다.

정보 통신 기술의 비약적인 발전에 힘입은 문화 산업은 예전에 석탄과 석유, 제철, 원자력 산업이 차지했던 자리를 빼앗았다. 정보 통신 기술은 오늘날의 새로운 세계적 경제 시스템의 신경 조직이다. 우리는 이제 하루라도 정보, 통신이라는 말을 듣지 않고는 살아갈 수 없다.

하지만 이런 문화 산업에 있어 선진국들만이 자신의 앞선 기술과 문화, 정치를 생산하고 유통하는 것을 가만히 지켜봐야만

하는가?

우리는 선진국 문화 산업의 독재에 대해 문제를 제기하고 정치적인 노력을 기울여야 한다. 지금부터라도 기술 이데올로기로부터 벗어나야 한다. 넓은 의미의 문화와 정체성과 소통을 위해 정치적인 목소리를 내야 한다.

이를 위해 우리가 가장 먼저 해야 할 일은 소통에 대해 고민하는 것이다. 문화 산업은 정보의 생산과 분배에만 주력할 것이 아니라, 그들이 세상의 관점을 관리하려 한 것에 대한 비판을 시작해야 한다. 오늘날 누구도 국제적 테러리즘이 서구 모델에 대한 거부에 의해 발전되었다는 것을 부인하지 않는다. 테러리스트들은 서구와 마찬가지로 인터넷을 사용하지만 그 목적은 전혀 다르다.

기술의 중요성만큼 그 기술이 담고 있는 내용이 중요하다는 것을 깨닫자.

2) 문화 산업을 규제하자

서구 사회에서 말하는 정보의 자유는 민주주의를 위한 정치적 투쟁과 너무도 밀접하게 연관되어 있어서 문화 산업에 대한 규제 또한 정보 자유를 침해하는 것으로 여겨지고 있다. 그러나 규제라는 것이 반드시 자유를 침해하는 것은 아니다. 오히려 그것은 소통의 자유를 보호하려는 의지의 상징으로 볼 수 있다. 우

리는 소통의 자유를 보장하는 법이 있어야만 소통의 자유가 보
장될 수 있다는 것을 알고 있다. 예를 들어 저작권이나 지적재산
권 문제와 관련된 모든 것은 자유에 관한 이 새로운 문제 제기에
직접적으로 연결되어 있다. 다른 분야와 마찬가지로 소통과 문화
영역에서 법은 자유의 조건이지 그것의 파괴가 아니라는 것을 기
억해야 한다.

　외형은 크지만 기반이 약한 문화 산업의 무제한적인 집중과
독점을 제한해야 한다. 지난 20여 년 동안 가장 거대한 문화 산
업체들이 곧 가장 강력한 다국적기업이 되었다. 다른 어떤 산업
분야에서도 이런 집중은 쉽게 용납되지 않았다. 불과 50여 년 전
만 해도 우리는 민주주의의 족쇄가 될 수 있는 언론 산업의 집중
에 대해 걱정했다. 그러나 오늘날 문화 산업은 신문과 출판, 텔레
비전, 영화는 물론 새로운 미디어인 인터넷 포털 사이트 등을 결
합해 1930년대에 일어났던 것과는 비교할 수 없을 정도의 막강
한 경제 권력을 구축하고 있다. 하지만 누구도 이런 집중 논리에
대항하는 사람이 없다. 심지어 몇몇은 그들의 권력과 영향력 집
중이 오히려 정보의 자유를 보장한다고 말하기도 한다. 이는 분
명 잘못된 것이다.

3) 사회적 관계를 보호하자

문화 산업의 집중이 갖는 두 번째 사악한 측면은 거대 시장을

분할하여 2차적인 시장을 취한다는 것이다. 그리고 그 결과는 사회적 관계의 소멸이다. 이런 분할이 그들에게는 수익성의 원천이지만, 이는 곧 민주주의에 대한 위협이기도 하다. 겉으로는 자유무역주의를 표방하지만 실은 보호무역주의자이면서 다소 거만하기까지 한 미국인들이 자신의 문화 산업이 조각나서 나른 나라로 팔려 가는 것을 보고 뭐라고 했던가?

세계무역기구에서 벌어졌던 논쟁에 대해 기억해 보자. 자유무역과 다국적기업의 분할을 지지하는 사람들과 보편주의적인 문제를 제기하며 사회적 결합을 구축하려는 운동가들이 세계무역기구에서 벌인 문화 산업의 위상에 관한 논쟁 말이다. 사회적 결합을 수용하는 것은 그것을 보장하기 위한 규제의 존재, 즉 국가를 전제로 한다. 반대로 배타적 공동체주의는 강한 국가를 필요로 하지 않는다. 이 두 정치 철학의 충돌은 향후 10년간 문화 산업의 구조에 아주 중요하고 결정적인 요인이 될 것이다.

4) 비평 정신을 고양하자

소통 영역에서 공적인 조정이 이루어지기 위해서는 국가의 역할과 공공의 이익에 대한 확고한 신념과 소통과 문화에 대한 정치철학, 문화적 다양성과 다른 행동들을 고려하려는 결심이 필요하다. 아울러 이 통합의 정치는 국가의 역할과 공공의 이익에 대해 고민하는 기회가 되어야 할 것이다. 나아가 일반 시민들의 세

심한 영혼을 발전시킬 기회, 즉 가치와 이익의 차이를 간파하고 소통의 거대한 토론에서 과정의 진정한 의미를 구별하며, 정보와 선전을 구별하고, 경험적이고 겸손한 가치 판단을 배우는 기회가 되어야 한다. 예를 들어 정보 혁명의 예상치 못한 역설 중 하나는 정보가 가격을 갖게 되었다는 것이다. 과거에 정보는 생산량이 적었으며 그것은 민주주의적 쟁취와 좋은 시장이라는 자체적인 가치로 인식되었다. 하지만 오늘날에는 정보가 과잉되었을 뿐만 아니라 쪼개져서 아주 비싼 값으로 유통되고 있다.

만약 이에 대한 재평가가 이루어지지 않는다면 더 큰 문제들에 대한 진지한 고민도 기대할 수 없을 것이다. 정보와 소통은 동의어가 아님을 인식해야 한다. 문화는 전 세계적으로 사고되어야 한다. 왜냐면 무형이든 유형이든 문화유산과 연결된 문화는 그들의 시대를 살아가는 개인들에 의해 이룩된 모든 방식의 총합이기 때문이다. 엘리트 문화를 줄이려는 시도를 경계하며 대중문화와 중산층 문화의 원동력을 보여 줘야 한다. 문화는 현대사회에서 지위를 부여받고 존중되는 모든 태도들의 결정체다. 음악, 유행, 정보, 전통, 생활양식, 직업, 교육 등과 같은 항구적인 움직임들 속의 모든 것이 현실을 고찰할 능력을 키워 주는 문화적 원천이 될 수 있다. 모든 것은 시간 속에, 시간의 흐름 속에, 타인들과 공유된 것들 속에, 의미를 생산하는 것들 속에 동시에 존재한다. 문화를 제외한 그 어떤 것도 순간과 영속 안에 동시에 존재할 수 없다. 문화와 소통은 문화 산업의 확장과 관련된 기술적, 경제적, 정치적 도전들에 대해 생각할 지식을 창조하는 것으로서 정당화된다.

지식을 창조하는 것은 정보와 문화, 소통 속에서 가치와 이익 그리고 규범적 논리와 기능적 논리를 구별할 수 있는 비평 정신을 발전시키는 것이다. 이런 비평 정신은 우리가 기술적 진보와 실제로 유용한 서비스를, 상업적 목표와 소통의 욕구를, 경제적 과정과 사회관계의 현실성을, 인터넷에 의해 굳어진 투명성과 권력관계의 현실성을, 평등의 욕구와 사이버 범죄의 위험성을 혼동하지 않도록 배우는 것이다.

5) 사회과학을 활용하자

인문과학과 사회과학 역시 현재의 상황에 책임이 있다. 사회적, 역사적, 인식적, 언어적 차이 때문에 공동 작업이 매우 어렵다는 것을 알고 있는 그들 대부분이 이런 세계적 문화에 대한 통찰력이 없었다는 것은 아이러니다. 물리학자나 수학자, 생물학자들이 전 세계적인 규모의 협력을 할 수 있다면 그것은 아마도 수단이나 도구가 규격화되어 있기 때문일 것이다. 사회과학 분야에서는 소통이 바로 그 수단이 될 것이다. 모든 이론적 창작물에서는 이론의 생산과 수용 관계가 중요하다. 비교학적 문제와 부단히 충돌하는 사회과학은 특히 그 어려움을 알 것이다. 각 사회가 가진 상징적, 문화적, 인식적 차이는 너무 크고 또 오랜 인내의 시간을 필요로 한다. 그렇다면 왜 사회과학자들은 세계화주의자들의 이데올로기에 대해 문제 제기를 하지 않는가? 몇몇 연구자들은 이미 인터넷이 그들의 이해력을 돕지 않을뿐더러 오히려 그런 기술적 용이성이 지적 게으름만 부추긴다는 것을 알고 있다.

사회과학에서 문화를 논하는 것은 결국 관계를 논하는 것이다. 문화는 결코 정적이지 않고 동적이다. 또한 그 상징성은 시간이 흐를수록 진화한다. 문화적 대화를 확대시키기 위해 사회들 간 만남을 늘리는 것만으로는 충분하지 않다. 그것을 위해서는 문화 간의 융합에 대한 연구와 카리브 해 지역과 브라질, 남아프리카, 아시아 등에서 진행 중인 문화 융합 과정에 대한 비교 연구를 증진시켜야만 한다. 비교는 사회과학 분야의 필수 조건이다. 예를 들어 문화적 정체성이 강한 두 거대 국가에 대한 서로 다른 정체성 문제는 어떻게 제기할 것인가? 내부에는 동질적인 문화를 가졌지만 외부 개방에 따른 문화 공존 문제에 직면한 일본의 경우와, 내부적으로 엄청난 혼혈과 다문화를 가지고 있지만 경제 발전에 따라 자신의 정체성을 지켜야만 하는 브라질의 경우가 있다. 분명 이 두 나라에게 문화의 세계화는 서로 다른 의미로 다가갈 것이다.

사회과학은 지난 20여 년 동안 수면 아래 가라앉아 있던 문화 정체성에 대한 논의를 본격적으로 시작해야 한다. 탈(脫)식민지화, 여행, 국경 개방, 경제 세계화, 생활수준의 상승 등 모든 요소들은 문화 정체성의 기능과 특질에 적응되었다. 여기서 말하는 문화 정체성은 과거의 민족주의와는 어떤 관계도 없다. 전 세계적으로 확장 일로에 있는 포퓰리즘에 대한 연구는 현재까지 충분히 이루어지고 있지 않다. 앵글로색슨 계통의 '문화적 연구'와 '포스트 식민지 연구' 등을 제외하고는 식민화와 연관된 혼혈 과정에 대한 연구도 부족하며, 그리고 이마저도 세계화주의의 사회적, 정치적 목적에 의해 무시되고 있다. 그러므로 문화와 국민감정의 변화, 국가와 사회 사이의 관계, 타자에 대한 인식, 상투성과 표상, 다른 사회와 종교에 대한 개방, 서구 모델의 위기, 세계화에 대한 우려할 만한 침묵, 국가적 정체성과 형태의 변화 그리고 대중매체의 영향 등의 현상이 확장되는 것을 이해하기 위해서는 아주 많은 연구가 필요하다.

6) 언론인의 역할을 재평가하자

언론인은 정보가 상품화된 세상에서 격전장 한가운데 있어야 한다. 그 이유는 네 가지다.

첫째, 그들은 전 세계적인 정보 홍수 속에서 모든 정보 체계와 논리의 기저에 연결된 다양한 분야의 정보 그리고 자신들에 의해 직접 구상되고 작성된 언론 정보를 구분해야 한다. 즉 언론은 정보 세계화의 소용돌이 속에서 가치를 담은 정보와 상품화된 정보를 구분하는 역할을 해야 한다. 둘째, 언론인은 점점 복잡해지는 세상에 대해 단순화된 방식의 설명을 내놓아야 한다. 이것은 그들의 작업을 위대하게 만드는 것이기도 하다. 세상에는 매우 다양한 분야의 어마어마한 정보들이 제공되고 있지만 이를 수신하고 이해하기 위한 대중의 능력은 제한되어 있다. 결국 이들을 개괄하고 분류하는 것 또한 언론인의 역할이라 할 수 있다. 셋째, 언론인은 문화 다양성에 대해 보다 넓고 깊은 인식을 가져야 한다. 정보가 대중과 만남으로로써 그들의 정치적, 문화적, 종교적 선택과 갈등을 일으키고 거부될 위험이 있다는 것을 잊어서는 안 된다. 이것은 이스라엘과 팔레스타인의 해묵은 갈등이 이스라엘인들에게, 팔레스타인인들에게, 아랍 사회에, 서구 사회에, 미국인들에게 그리고 유럽인들에게 똑같은 방식으로 전해지지 않는 것을 보는 것으로 충분하다. 넷째, 언론인은 그들의 올바른 작업을 위해 경제적 정당성을 확보해야 한다. 오늘날 경제는 정치보다 더욱 언론의 자유를 위협하고 있다. 모든 나라, 특히 미국에서 언론인들은 상대적으로 무력하다. 그들은 정치적인 문화는 가지고 있지만 경제적인 문화는 갖고 있지 않기 때문이다.

제2장

정체성-문화-소통, 21세기의 위험한 삼각관계

이곳의 문화, 저곳의 문화

점차 증가하는 메시지는 수신자의 세계관과 지식 영역을 확장시켜 그것을 바탕으로 그들이 메시지를 해석하도록 한다. 그에 따라 문화의 접근은 점점 더 수월해진다. 나는 '엘리트 문화'가 아닌 넓은 의미의 '문화', 즉 사회 현실 속에서 의미가 있고, 세상을 이해하고, 타자들과 공유되는 문화를 말하고 있다. 이 '확장된' 문화는 지역과 국가에 따라 다른 의미를 가진다.

공통된 문화유산의 확장은 긍정적인 의미를 갖지만, 그것이 받아들여지기 위해서는 오랜 시간이 필요하다. 이 문화적 불균형은 가난한 나라들, 즉 개발도상국의 경우 더 폭력적으로 나타난다. 그들은 자신들의 전통을 희생시키지 않은 상태에서 근대화를 달성해야 하는 어려움에 처해 있다.

전 세계적인 엘리트 문화의 발달은 소통-문화 산업체들의 이익으로 직결된다. 음악이나 영화 페스티벌을 보면 쉽게 알 수 있다.

기술의 세계화가 소통의 세계화를 뜻하는 것이 아니듯, 문화 산업의 세계화가 세계적인 문화를 만드는 것은 아니다. 오늘날 문화 산업의 집중에 대한 분석은 전혀 이루어지지 않고 있다. 우리는 항상 이것을 차후의 문제로 치부하려고 한다. 문화 세계화가 일으키는 문제에 대한 고민을 하지 않는 것은 이런 산업들의 부정적인 면뿐만 아니라 긍정적인 면을 분석하는 데도 어려움을 겪게 한다.

문화 다양성 문제, 다문화주의 문제, 문화적 예외 문제는 더 이상 '부자들'만의 문제가 아니다. 그것은 우리의 미래에 있을 평화와 관련된 조건들이다. 예전에 우리는 문화란 식량과 건강, 교육과 같이 생활에서 꼭 필요한 것들 다음에 오는 부차적인 것이라 생각했다. 하지만 오늘날처럼 통신 기술이 발달한 세상에서는 가장 외진 곳에 사는 사람들도 멀리 떨어진 곳의 정보와 문화를 손쉽게 접할 수 있게 되었다. 세상의 거의 모든 지역이 이미 정보의 세계화에 영향을 받고 있다. 거의 모든 사람들이 외부 문화와 직접 부딪치고 있다. 개인들은 자신이 맞닥뜨린 이 '외부적인' 것에 대해 심각한 고민을 하기 시작했다.

이런 '문화 간의 대화'는 매일 일어난다. 하지만 이것이 공통된 문화를 생산하는 것은 아니다. 이것은 오히려 공통된 문화적 경험의 '짜깁기'에 가깝다. 이제 개인의 감정에 더 이상의 '외재성'이란 없다. 그들은 자신의 삶과 완전히 동떨어져 있다고 여겼던 먼 곳으로부터 정치적, 기후적, 생태학적, 경제적, 종교적인 영향을 받고 있다. 이것은 때로 위협으로 다가온다.

예를 들어 지난 1996년에 타이, 멕시코, 아르헨티나를 강타한 경제 위기는 전 세계인들에게 의미심장한 충격으로 다가왔다. 우리는 오늘날 모든 것이 가능해진 세상에 살고 있다고 생각하지만, 실은 아무것도 실행하지도 이해하지도 못하는 세계에 살고 있는 것일 수도 있다. 나날이 증가하는 정보는 우리가 모든 것을 볼 수 있는 '세계 극장의 발코니'에 있다는 착각을 하게 만들지만, 사실 우리가 그곳에서 목격하는 것은 평화나 안정이 아닌 위험 요소들일 것이다.

폭력과 불안정이 우리들 삶에 지대한 영향을 미치는 오늘날 우리가 의지할 수 있는 것은 정치적인 도전으로서 문화 공존이다. 이것은 세계화의 충격을 경감하기 위한 최소한의 상호 이해를 보장하는 길이기 때문이다.

미디어에 연결된 대중문화는 세계화와 꽤 뜻이 잘 맞는다. 반대로 문화 정체성은 지역, 역사, 국가, 언어, 일상생활 등에 연결되어 있기 때문에 경제 세계화에 의해 위협을 받고 있다.

소통의 세계화와 함께 온 진정한 변화는 문화가 역사와 지역에만 고정되어 있는 것이 아니라 수출되고, 움직인다는 것을 알게 된 것이다. 이것이 '다른 곳의' 문화가 내부에 자리 잡은 모든 나라에서 확인할 수 있는 문화적 개방의 엄청난 요소다. 미국 문화는 오랫동안 가장 많이 수출되는 문화였다. 그러나 오늘날에는 아프리카나 라틴아메리카, 인도 문화가 그 자리를 차지하고 있다. 거의 50여 년 만에 다양한 국가 정체성을 포함하고 있는 문화의 단편들이 국경을 넘어 모든 사회적 환경들을 건드리고 있다. 기술의 발달은 여행이나 미디어, 음악을 통한 소통을 용이하게 했다. 문화가 경제적 목적에 의해 많은 부분 강요되었다는 사실은 문제될 것이 없다. 소통이 그랬던 것처럼, 문화는 언제나 경제와 인간 해방이라는 양면성을 가지고 있다.

세 계 주 의 자 들 의   환 상

전 세계의 많은 사람들은 문화로 인해 박탈감을 느끼고 있다. 선진국은 후진국에 비해 외부 문화를 받아들이는 데 있어 안정적이다. 왜냐면 그들은 오래전부터 다양한 문화적 교류를 진행해 왔기 때문이다. 그들의 문화에는 이미 안정성이라는 것이 구축되어 있다.

근대화주의자들은 '문화 정체성'을 추구하려는 움직임을 '보수주의자들의 행동'으로 간단히 치부해 버리고 그를 통해 이 문제를 회피하려고 한다. 그들은 오로지 '문화의 단순 혼합'만을 외칠 뿐이다. 이런 목소리는 전혀 이타성을 띠고 있지 않다. '세계적 세계주의'는 비슷한 생활 방식을 가진 극소수의 엘리트들을 위한 문화적 취향일 뿐이다. 속칭 '공항의 세계주의자'들이 만들어 낸 하나의 속임수에 불과하다. 혼혈 혹은 융합의 장점을 찬양하며 타자의 정체성을 지속적으로 희생시키는 이 소수의 엘리트들은 실제로 자신들의 특권과 정체성을 지키는 데는 매우 주도면밀하다. 우리가 그들에게 변화를 강요하면 그들은 뭐라고 말할까? 두 가지 반응을 예상해 볼 수 있을 것이다. 한쪽은 세계주의의 미덕을 찬양하는 소수 엘리트로, 의심의 여지없이 세계화의 과실을 취하는 쪽이다. 다른 한쪽은 세계화를 마지못해 받아들이지만 그것에 대항하기 위해 비판하고 문화적, 국가적 정체성의 측면을 고려하는 쪽이다. 다시 말해 세계화를 바라보는 측면에 따라 문화 혼혈, 좋게 말해 문화 융합의 미덕은 다른 의미를 띤다.

세계주의는 그것으로 이득을 취하는 사람들을 제외하고는 존재하지 않는다. 그리고 세계주의는 사회적 위계질서와 구분의 방식에 비해 덜 전위적이다. 모두가 세계적 시민이라는 이 세계주의 이데올로기는 실상 '위에 있는' 사람, 공고하게 구축된 정체성을 가지고 있는 사람, 불안정해질 염려 없이 이쪽저쪽을 넘나들 수 있는 사람들의 것이다. 결국 엘리트는 세계화주의자고, 일반 사람은 자연스럽게 민족주의자가 된다. 이것은 특히 남은 것이라고는 국가 정체성밖에 없는 개발도상국들이 세계화의 물결에 의해 혼란에 빠져들 때 더욱 극명해진다.

모두가 동류의 문화를 즐기며, 개방적이고, 노마드적이며, 동일한 정보에 접속한다는—그래야만 세계화의 과실을 취할 수 있는—이른바 세계주의에 대한 논의에서 이데올로기적인 경계를 볼 수 없는 이 무능력은 새로운 '지식인들의 배신', 즉 '교양 있는' 엘리트들의 배신을 상기시킨다. 이와 관련된 또 하나의 역설은 세계주의적인 문화에 대한 모든 논의가 역사의 교훈을 무시한다는 것이다. 문학과 철학, 예술의 역사에서 그 다양한 예를 볼 수 있듯이, 세상의 모든 창조물은 정체성과 언어, 지리적 영역과 연결된 독특한 것이다. 세계적 문화는 귀납적으로 이런 다양성의 총량이다. 세계주의와 세계적 문화는 똑같은 문제의 두 양상이다. 매우 위계질서적인 자신들의 정체성과 특권을 질투가 날 정도로 잘 보존하는 엘리트는 변별적인 문화적 코드의 위계질서를 단호하게 관리하며 세계화를 끊임없이 역설하고 있다.

정치의 귀환

우리는 문화적 문제가 이제 더 이상 엘리트들만의 영역이 아니라는 것을 보게 되었다. 어떤 의미에서 그것은 민중화되었고, 사회화되었으며, 정치적 도전이 되었다. 문화는 더 이상 지리적 영역에만 연결된 것이 아니며, 인터넷 안에 있을 수도 있고, 특정 단체에 소속될 수도 있다. 또는 정치적 요소로서 요구될 수도 있다. 문화는 더 유동적이고 경제적, 종교적, 사회적 행위자에 의존한다. 모든 것이 공존하며, 모든 것이 더욱 빨리 순환한다. 거기에 문화적 목적과 의미의 명백한 확장이 있다. 세상의 해석과 지각 속에서 의미를 가지는, 그리고 어떤 특정 사람들에 의해 공유된 모든 것은 문화적 실재가 될 수 있다. 즉 모든 문화적 문제는 또한 정치적 문제가 될 수 있는 것이다.

거기에 문화와 소통 사이의 관계에 대한 거대한 변화가 있다. 문화는 이미 세기말과 1940년대 사이 정치 독립과 식민화에 대항하는 투쟁에서 정치적 규범이 되었지만, 오늘날의 현상은 더 한층 광범위하고 예측 불가능하다.

소통의 세계화와 함께 문화는 지속적으로 정치적 가능성이 되었으며, 모든 사회적 활동은 문화적 요소에 의해 포위되고 있다. 생활의 스타일에서 기억까지, 창조에서 전통까지, 물체에서 풍경까지, 건물에서 유명세까지, 요리 문화에서 가족 의식까지,

상업 활동에서 교육 시스템까지, 그것이 근대화와 세계화의 상징이든, 아니면 세계화의 특정 스타일에 대한 거부이든 모든 것이 문화적 또는 정치적 의미를 획득하게 되었다.

문화의 이런 확장된 위치는 확실히 교육 수준과 생활수준, 소통 스타일과 여행 등에 관련되어 있다. 이것은 단지 중간층 대중문화의 부상만은 아니다. 순환되고, 융합되고, 사라진 감수성의 표현이고, 한 시대와 한 지역의 산재된 문화 요소들이 구체화된 것이다. 만약 세계적인 공론장(Espace public, 프랑크푸르트학파의 위르겐 하버마스가 1962년의 저서 『공론장의 구조 변동』에서 처음으로 언급한 개념-옮긴이)과 언어적 토대, 공통의 역사 안에 존재한다면 우리는 '세계적 공통 문화'의 요소에 대해 말할 수 있을 것이다. 하지만 이런 경우는 여행이나 직업적인 이유로 순환하는 과거보다 더 많은 수의 인구 일부분을 제외하고는 존재하지 않는다. 만약 국제 공동체가 정치적 목적으로서의 문화 공존의 중요성을 인식한다면, 점진적으로 우리가 말하고 있는 엘리트 문화와는 다르며 뉴스 잡지들을 통해 지각할 수 있는, 세계적 공통 문화 요소들의 목록을 만드는 것이 가능할 수도 있을 것이다. 어떤 의미에서 개방된 것, 명백한 것, 역동적인 것들을 향한 문화의 확장은 세상을 더 잘 이해하고 비판하는 데 유용하다. 예를 들어 반(反)세계화주의도 문화의 한 형태이다. 왜냐면 그것은 반작용을 표현하고, 세상에서 특정 관계를 구성하기 때문이다. 아직 이데올로기는 아니지만, 이것은 지금까지 대부분의 전투적인 반세계화주의자 진영에서 확증하지 못한 이론과 태도의 체계화를 전제로 한다. 여기서 문화와 이데올로기의 차이는 중요하다. 게다가 전 방위의 비판적 능력은 근대화와 소통에 의해 후천적으로 학습된 것 중 하나다. 우리는 의미와 관계인 것을 찾는 동시에 분화와 통일을 찾는다. 비판주의의 서구적 움직임은 새로운 문화적 과정을 부양하면서 동시에 개방과 근대화 비판을 도치하고, 심지어는 일반화한다.

문화와 소통, 정치 사이의 더 강하고 임의적인 관계는 진정한 변화를 이룩하게 만드는데, 예를 들어 이데올로기와 비교하면 언뜻 역설적으로 보인다. 정치적 도전으로서 생태학의 부상이 세계적 환경 변화 문제들을 통합한다는 사실로 설명될 수 있는 만큼, 정치적 도전으로서 문화는 거대한 문화 다양성에 대해 인식하는 만큼 이해될 수 있다. 문화 세계화는 현실의 양상들에 따라 수많은 다른 결과들을 유발한다. 아울러 동시에 모든 정체성을 불안정하게 흔들고, 불평등을 더 실제적으로 만들며, 또한 근대화의 중요성만을 강조함으로써 불균형을 초래한다. 어떤 때의 세계화는 통합하기도 하고, 또 어떤 때의 세계화는 넓은 의미의 문화에 관한 더 폭넓은 개방을 강요한다. 개방의 유혹이 자신에게 의미 있는 것을 되찾으려는 욕구를 소환한 이후, 문화 정체성은 결국 중심적인 현상이 되었다. 문화적 주장을 결코 과소평가하지 말아야 한다. 그렇지 않으면 그것은 혁명의 도화선이 될 것이다.

1979년 이란은 아랍에서 가장 근대화된 나라였다. 1979년에 발생한 근본주의자들의 혁명은 세계적 정치 문제로서 문화의 출현을 개시하는 사건이었다. 미국은 서구적 의미에서의 근대화가 이 오래되고 우아한 문명을 위한 해결책이라고 믿어 왔다. 그러나 이란의 폭력적인 혁명과 그에 뒤이은 이슬람 원리주의의 계승은 전 세계에 세계적 정치 도전으로로서 문화의 부상과 문화 공존을 구성해야 할 필요성을 극명하게 보여 주었다. 그 이후 우리는 더 많은 정체성과 토대들, 언어들을 혼합하는 세계화는 안정의 요소가 될 수 없으며, 오히려 불안정의 원인이 될 수 있음을 알게 되었다. 여행하고, 일하며 편안한 삶을 영위하는 소수의 세계적 엘리트들에게 문화 혼합과 세계주의는 어쩌면 흥미로운 생각이 될 수 있고 유행이 될 수도 있다. 그러나 그것은 수천만의 나머지 개인들에게는 조금도 부합하지 못한다.

언제나 세상을 이해하는 수단이었던 문화는 이제 어떤 동일화 과정도 없이 소통의 세계화의 역동성 안으로 끌려가고 있다. 문화와 소통이 50여 년 전에는 더욱 역동적인 논리 안에 있었음에도, 가치의 위계질서와 마찬가지로 그 리듬은 전혀 달랐다. 이제는 모든 것이 더 임의적으로 변했다. 특정 시대에 문화로서 여겨졌던 것과 동일시하려는 이런 토대의 상실은 아마도 가장 큰 변화일 것이다. 소통되는 메시지가 끊임없이 많아지고 더 빨라지기 때문에 수신자들은 그러한 정보들을 걸러내고, 이해하고, 위계질서를 세우고, 받아들이거나 거부하기 위한 필요한 인식적 수단을 발전시켜야 한다. 거기에 세계적 차원에서 우리들의 희망을 환기시킬 문화적 활동의 급진적인 변신이 있는 것이다. 이 수단이란 개인과 집단이 문화와 소통 사이의 다양한 관계와 그것을 조정하는 방식을 더 잘 이해하기 위해서 발전시켜야 할 지적 민감성이다.

위험한 것은 사람들이 공론장에서 자신들의 자리를 찾지 못할 때, 내가 종종 '폐쇄적 문화'라고 부르는 것 안에 자기 자신을 감금한다는 사실이다. 우리는 개인들과 집단들이 자신들에 침잠하며, 스스로를 외부로부터 차단하는 '침묵의 쳇바퀴'를 피해야 한다. 개방된 소통에 맞는 더 역동적인 문화는 개인들이 자기 자신을 표현할 수 있게 만들며, 게다가 사회나 근대화로부터 배제되었다는 느낌을 갖지 않도록 한다. 그 사회와 근대화에서 기술의 증식은 오늘날 문화적, 정치적 책임을 창조한다. 연결망이 존재하는 것만으로는 충분치 않으며, 사회의 다양한 계급이 그 연결망을 이용할 수 있어야 한다. 그렇지 않으면 소통은 더 이상 사회적 관계를 담당할 수 없게 된다.

예를 들어, 지금 우리는 현대의 공론장에서 더 이상 자기 자신을 대표하지 못하는 사람들을 통해 '침묵의 쳇바퀴'가 낳은 결과를 보고 있다. 지난 10여 년 동안 유럽에서 확산되고 있는 포퓰리즘은 이런 실패의 증거인 셈이다. 공적인 정당들은 아주 빨리 극우파에 동화된 이런 요구를 들어주는 데 무능력했다. 이렇게 분출하는 사건을 분석하기는커녕, 다른 전후 관계에서 이해되리라 생각하며 새로운 현상을 오래된 개념으로 해석하려 했다. 가까운 미래에, 특히 모든 문화적, 사회적, 정치적 표현으로부터 소외된 유럽에서 살며 일하는 이슬람 공동체 같은 이방인 공동체가 똑같은 '침묵의 쳇바퀴'에 빠질 위험이 있다. 50여 년 동안, 실제적으로 결코 단 한 번도 인정받지 못한 채 유럽 구성에 직접적으로 공헌한 이들 이민자들이 그간의 침묵으로부터 탈출하는 것이 불가능한 것은 아니다. 이것이 우리 다문화 사회의 모든 목적이며, 정치 대표와 언론 대표, 더 넓게는 모든 공적 기구들의 체계가 사회 문화적 현실을 반영하지 못했던 문화에 대한 도전이다.

바로 이것이 소통과 문화가 연결되어 있는 이유다. 만약 사회적, 문화적 소통이 사회의 이질성을 반영하지 못한다면 '보이지 않는' 집단들은 훗날 요란스럽게 귀환할 것을 기약하며 소리 없이 사라질 것이다. 우리는 현실에서 일종의 문화적 화산 위에 살고 있다. 왜냐면 모든 것이 더욱 복잡하고 역동적이기 때문이다. 과거에 전통은 근대화에 맞섰다. 그 충돌은 사회에 어떤 의미를 주었지만, 오늘날에는 근대화를 조직하기 위한 어떤 문화적 토대도 없이 모든 것이 근대화되어 버렸다.

중심 개념, 집단적 문화 정체성

소통의 세계화는 현실 세계에서 동등하게 중요한 두 가지 결과를 유발했다. 하나는 문화와 소통 사이의 관계 강화이고, 다른 하나는 집단적 문화 정체성의 문제 제기가 새롭게 출현한 것이다. 비록 집단적 문화 정체성이 언제나 존재했었던 것은 사실이지만, 지난 50여 년 동안 사상의 움직임이나 정치적 요구에 비해 비(非)이성적으로 크게 부각된 상업적 관점은 오로지 개인적 문화 정체성에 초점을 맞추었다. 개인 자유에 대한 탐구는 언제나 집단적 문화 정체성에 대해 성찰할 기회를 강탈해 갔다. "자기 자신이 되라! 집단적 문화의 속박에서 벗어나고 자신의 정체성을 찾아라." 물론 경제 논리는 이런 문화적, 정치적 개인주의 운동을 지지했다. 왜냐하면 지불 능력이 있는 개인들의 숫자만큼 시장 자원이 생겼기 때문이다.

우리는 소통의 질서에서도 같은 현상에 참여했다. 특히 사람들을 바보로 만든다고 비난받던 대중매체에 대해 항시 존재하는—특히 엘리트들의—고의적인 침묵은, 케이블과 위성 그리고 광섬유 기술의 발전과 함께 미디어의 다변화에 의해 폭증하는 이익으로 설명된다. 결국 정치적, 문화적, 경제적 관점에서 모든 것은 집단과 공동체, 가족과 사회 계층에 대한 '인간 해방' 사상과 연관된 개인화 운동의 승리를 가치 있게 만드는 데 있다.

우리는 그렇게 근대화의 독특하고 상호 모순적인 두 가지 현상의 동시적 출현을 목도하게 된 것이다. 즉, 장점과 단점을 동시에 내포하고 있는 대중사회의 출현, 문화와 소통 영역에서의 개인적 자유에 대한 극도의 가치 부여가 그것들이다. 이런 현실은 두 가지 상호 모순적인 요소들을 조정하려는 각 개인의 노력이다. 내가 '대중의 개인주의 사회'라고 불렸던 것이 바로 이것이다. 이런 현실은 사회의 내적 기능을 특정 지우고, 각 개인은 자신들의 방식대로 전통에 따라 그것을 정리한다. 그러나 모든 경우에 개인적이고 집단적인 두 지향 사이의 갈등은 존재한다.

세계적 차원에서, 문제는 완전히 다른 것이 된다. 이데올로기가 동반된 동서 냉전의 종결은 집단적 정체성의 풍화를 유발했고, 경제 세계화에 의해 더욱 악화되었다. 집단적 문화 정체성의 필요성은 당연히 재등장했으나, 즉각적으로 배타적 민족주의에 동화되었다. 그런 이유로 그것은 수상한 것이 되었다. 문화적, 사회적 구도 위에서 분할된 세계적 현실과 모든 집단적, 문화적 문제 제기에 대하여 미온적인 태도를 유지하는, 그리고 오로지 개인에만 관심이 있는 환경 사이에 놀란 만한 모순점이 존재한다. 현재 공식적인 논의는 개인주의의 영역에 머물러 있지만, 사회적, 이데올로기적 거대 토대의 종결은 세계화에 의한 무질서와 함께, 집단적 문화 정체성을 되살릴 것을 강요한다. 두 가지 예는 다음과 같다. 첫째는 공산주의의 종말이 반세기 동안 위태하게 지속되던 문화 공존을 일소해 버린 비극적인 유고슬라비아 전쟁이고, 둘째는 유럽의 보다 평화적인 논의, 예를 들어 해마다 수백만 명의 관람객을 유치하는 로리앙(Lorient, 프랑스 서부 부르타뉴의 도시-옮긴이)의 켈트 페스티벌 같은 문화 행사들이다.

달리 말하면, 정체성에 대한 요구는 집단적 방식으로 생겨났다. 우리가 지난 반세기 동안 알고 있었던 것들에 비해 이것은 정치적 문제의 토대에 의해 전보다 더 명백하게 일어난 집단적 문화 정체성과 관련되어 있는 것으로서 새로운 현상이 아닐 수 없다. 개인적 문화 정체성은 하나의 사회적 현상이었지만, 집단적 문화 정체성은 직접적으로 정치적 현상이 되었다.

문화 정체성이라는 문제는 언제나 뜨거운 감자라 할 수 있다. 우리는 일상화된 소통의 시대에 사회와 문화 사이의 관계에 대해 정치적으로 새롭게 고려하고, 문화 영역과 국가-정부 차원에서 집단적 문화 정체성의 문제를 다시 제기할 수 있다. 아니면 집단적 문화 정체성의 새로운 관계를 성찰하는 데 실패하고, 그럼으로써 정치적 갈등과 같은 수많은 공동체들 간의 충돌 위험에 도달할 것이다.

집단적 문화 정체성은 두 가지의 중요한 특성을 내포하고 있다. 하나는 문화유산이라는 고전적 의미의 문화와 정보, 지식, 감각의 총합체로서 문화 사이의 융합은 현대사회의 방향을 바로잡는 데 필수적이다. 다른 하나는 그것이 사회의 이질성에 동화되기를 바라는 집단적 중요성을 포함하고 있다는 것이다.

결국 집단적 문화 정체성의 출현은 과거에 존재했던 것과는 완전히 다른 것이며, 자주 배타적 민족주의로 귀결된다. 우리가 민족주의라고 부르는 것은 현대사회가 이룩한 세 가지의 공헌, 즉 근대화와 소통, 정치에 의해 적응되고 완성된 것이다. 어제의 문화 정체적인 요구는 특정 전통에 연결되어 있었다. 하지만, 오늘날의 통합적이고 역동적인, 넓은 의미로 문화적인 그리고 국가-정부 내에서 분출하는 이 집단적 문화 정체성의 형태는 그 자체로서 인식되어야 한다. 그리고 너무 빨리 민족주의자들의 기억과 동일시되어서는 안 될 것이다.

반대로 그것은 1960년대 대중사회의 문제를 재조명하는 계기가 되었다. 대중사회는 그 당시에는 진보의 상징으로 여겨졌다. 그러나 그것은 곧 개인주의의 부상과 더불어 모든 결점에 의해 압도되었다. 우리는 거기에서 평등의 원리가 지배하는 현대사회의 존재를 구성하는 특정 토대를 발견했다. 사실 집단적 문화 정체성은 엘리트 문화와 연결된 것이 아니라 오히려 더 많은 사람들의 문화라는 의미에서 중산층 문화에 연결되어 있다. 그것은 주변적이지도, 지배적이지도 않은, 그러나 동시에 현대사회 안에 편입되었다고, 또는 근대화의 '압착기에 의해 으깨어졌다고' 느끼는 모든 개인들을 재통합했다.

결국 우리는 이런 집단의 귀환이 대중사회의 긍정적인 경험이라고 생각한다. 이 대중사회가 생활수준과 지식수준의 향상, 또한 저 멀리 있는 세상에 대한 개방 등을 이룩했다는 것 또한 잊어서는 안 된다. 달리 말해, 비록 이 대중사회는 전통의 급속한 몰락의 한 요소였지만, 또한 동시에 세계화에 맞설 유용한 수단으로 나타난 경험과 같은 집단적 과정이었다. 이것이 우리가 강조해야 할 점이다. 세계화에 의해 유발된 문화적 토대의 상실에 직면하여, 대중사회와 중산층 문화의 존재는 불안정한 상황에 균형을 맞추는 기제가 된다. 또한 대중의 개인주의 사회는 근대화의 혼돈에 직면해 토대를 구성한다. 지난 반세기 동안 자유와 평등, 개인주의가 활성화되면서, 이런 형태의 사회 조직, 즉 대중사회는 자연스럽게 집단적 문화 정체성 문제 제기의 귀환 장소가되었다.

확실한 것은 이 집단적 문화 정체성을 배태한 정치 방향이 더욱 명확하게 확정 지어져야 한다는 것이다. 집단적 문화 정체성은 문화 정체성이 그것을 초월하는 사회, 정치적인 계획과 불가분의 관계를 내포하고 있는 민주주의와 연결된 이전의 정치적 투쟁의 흔적을 찾을 수 있다. 또한 동시에 사회 조직의 원칙이 유대감이나 혈연, 이익에 의한 공동체의 단순한 재집결이 되는 배타적 공동체주의의 흐름을 강화할 수도 있다. 여기에는 두 가지의 커다란 위험이 존재한다. 배타적 공동체주의의 과잉과 극우적 민족주의 정체성이 바로 그것이다. 이 두 경우 모두, 사회의 일반적인 문제에 대해서는 일종의 무관심을 나타낸다.

　요약해 보면, 지난 40여 년 동안 개인적 문화 정체성에 비해 진보적인 것으로 여겨진 집단적 문화 정체성의 출현에는 다음의 다섯 가지 시나리오가 있다. 첫째, 정체성의 새로운 형태의 중요성을 '거부하는' 것이다. 근대화 이데올로기의 이익은 자신들의 것을 제외한 다른 정체성을 인정하지 않는다. 둘째, 배타적 공동체주의에 '등록하는' 것이다. 이것은 공동체들의 단순 공생 이외의 포괄적 융합을 이끌어 낼 다른 원칙이 없는 사회 모델을 인정하는 것이다. 셋째, 새로운 문제를 오래된 토대에 끼워 맞추며, 필요한 개혁을 뒤로 '미루고, 회피하는' 것이다. 넷째, 모든 문제를 문화 산업과 관련된 경제적 목적으로 보는 관점에 '특권을 주는' 것이다. 이것은 문화 다양성의 경제 논리와 정치, 사회적 문제의 복잡성을 혼동하는 것이다. 마지막으로, 개인적이고 집합적인 이 두 영역이 뒤섞인 이런 새로운 경향에 대한 논의를 '개방하는' 것이다. 이것은 아직 배아기에 있는 정치적 기획의 중요성을 인정하는 것이다.

폭발성의 삼각관계

정체성-문화-소통 사이의 관계는 상호 폭발적인 삼각관계가 되고 있다. 특히 동서 냉전의 종결은 '공식적'인 이데올로기의 대결 없는 세상을 남겨 놓았고, 그 자리를 냉전의 광기 아래에서 잊힌 요소들에 되돌려 주었다. 그들의 중요성은 경제 세계화와 정보 시스템의 세계화에 의해 다시 부각되고 있다. 정치적 논의는 어쩌면 문화적 극우 민족주의와 다문화주의, 배타적 공동체주의라는 세 가지 혼란을 회피할 수도 있을 것이다. 왜냐면 정치를 전면에 내세우는 것은 언어적, 종교적, 지정학적 정체성을 사회적 문제와 같은 일반적 문제 제기에 결부시킬 수 있기 때문이다. 정치는 위계질서에 모순과 목적을 세우고, 관계를 맺도록 강요할 수 있다.

문제는 새로운 도전을 반영하는 이 삼각의 문제를 공론장에 올려놓고 토의할 줄 아느냐는 것이다. 왜냐면 모순된 양상의 분출을 해결하기 위한 다양한 방법들을 토론하는 것은 필수불가결하기 때문이다. 한마디로 미래 사회 안정을 위해 중요한 문제, 특히 기술적, 경제적 단순 논리로는 해결할 수 없는 문제들에 관한 정치인들의 결정 능력을 인정해야 한다.

문화 정체성과 소통 사이의 새로운 관계 문제를 해결하는 것은 새로운 기술의 문제도 아니며, 문화 산업이나 소통의 문제도 아니다. 우리는 소통과 문화, 문화 정체성 사이의 새로운 관계에 부합하는, 그리고 기술적, 경제적 목적으로부터 정치적인 목적을 구별해 낼 수 있는 지적이고 참신한 영역을 고민해야 한다.

물론 엘리트 문화의 변천과 대중문화의 출현, 그리고 문화의 민주주의화에 대한 토의는 늘 있어 왔지만, 1980년대부터 이런 토의는 점점 탈정치화되었고, 개인적 자유의 문제가 그 자리를 차지해 버렸다. 정보와 소통의 새로운 기술들이 출현함으로써 그러한 경향은 더욱 강화되었으며, 기술적 기적과 이익 가능성은 소통의 집단적 목적에 대한 모든 성찰을 부차적인 것으로 만들었다. '정보 고속도로'와 '정보 사회'는 우리로 하여금 모순점을 해결할 방법은 인터넷을 일반화하는 것이라고 믿게끔 만들었으며, 실제로 우리는 정치와 소통을 기술화하며 사회를 돌이켜 볼 기회를 외면했다.

오늘날 개발도상국들은 물론이고 선진국들이 직면한 어려움은 정체성과 문화, 소통이라는 세 가지 매개변수에 대해 고심해야 한다는 사실이다. 이것은 문화 사이의 다양한 수준(엘리트, 대중, 중산층 또는 통속 문화) 사이의 관계뿐 아니라, 사회적 관계와 사회, 정치 사이의 관계 또한 관통한다. 오직 다양한 관점을 가진 정치적 소통의 점진적 출현만이 집단적 문화 정체성의 문제를 다룰 수 있다. 즉 자유와 평등, 개인주의, 집단적 소속감, 개방과 원류에 대한 집착, 근대화 그리고 세계화에서 배제될 수 있다는 두려움,

국가 정체성 요구 등 우리 사회의 모든 문제를 응축하고 명확하게 규정할 특정 방식이 될 것이다.

여기에 고찰해야 할 역설이 하나 있다. 왜 개발도상국의 문화 정체성은 의심하면서, 서구 선진국의 그것에 정당성이 부여되고, 인정되는 것인가? 개발도상국에서는 근대화가 오직 진보주의자들의 전유물로 여겨질 때, 왜 서구 선진국에는 문화적 수단으로서 전통과 문화 사이의 관계가 중요한 것으로 여겨지고 수용되는 것인가? 반면에 개발도상국처럼 서구 선진국에서도 우리는 문화의 세계화와 소통의 세계화라는 두 개념 사이의 선택에 직면해 있다. 즉, 산업에는 우호적이지만 일종의 폭발적 삼각관계라는 위험성을 불러올 기술적, 경제적 개념의 선택이 있고, 이런 문제들에 보편주의적인 요소와 새로운 정치 문화 구성의 필요성을 더 주장하는 인본주의적이고 정치적인 개념의 선택이 있다. 기술 이데올로기에 민감한 서구 선진국은 정보와 소통의 새로운 기술들이 동시에 정치적, 기술적 해결책이 될 것이라고 생각했다. 그러나 이 새로운 경제의 붕괴를 목도하고 난 후 모든 것이 불확실해졌다. 기술 이데올로기의 유치한 세계화 이후 마침내 우리는 이런 신기술들이 어떤 문화적 알맹이들을 가지고 있는지 자문하게 되었고, 아울러 새로운 기술에 대한 다음과 같은 의문을 고심하게 되었다. 이미 존재하는 사회적 기획에 인터넷을 어떻게 동화시킬 것인가?

이 점에 관해서는 논쟁과 그 논쟁이 추구하는 목적을 명확히 할 수 있어야 한다. 우리는 '문화 다양성'의 '다문화주의' 또는 '상호문화주의'의 '다문화주의'가 구분 짓는 것을 주시하고, 전통과 그것에 연관된 개념을 구별하며, 그것들을 둘러싸고 있는 모호함과 파동을 이해해야 한다. 다문화주의는 우선 1990년대 캐나다 학파에 의해 시작된 논쟁이었으며, 이후 미국에 의해, 마침내는 조금씩 다른 모든 나라에 의해 받아들여졌다. 이는 국가-정부의 테두리 속에서 수많은 문화 정체성들의 조합 문제에 관한 개념이다. 문화 다양성이라는 표현은 다소 중립적인 정의이며, 또한 국제적 차원의 문화 다양성을 인식하도록 강요하는 것이다. 상호문화주의는 다문화주의의 특정 개념에 관련된 것이다. 내가 선호하는 문화 공존은 국제적 차원의 문제에 대한 숙고와 평화적인 공존에 이르기 위한 일종의 규범적인 신중함을 동시에 요구하는 것이다. 물론 우리는 다의성도, 논쟁도 피할 수 없다. 하지만 우리가 이 이해할 수 없는 단어에 새긴 그 의미를 정의하도록 노력하면서 그것을 재정립할 수 있다. 예를 들어, 지난 한 세기 동안 사회적 계급들 그리고 계급과 정당 사이, 인식과 행동 사이의 관계들 주위에서 일어났던 극도로 복잡한 논쟁들을 기억해 보라! 거기에서 우리는 여전히 미약한 문화와 소통 사이의 관계 문제에 대한 정치적 인식이 얼마나 중요한지를 보게 될 것이다. 우리가 지난 30여 년 동안 지속된 국가-정부 차원의 다문화주의 문제를 둘러싼 논쟁들을 지켜볼 때, 우리는 국가-정부 차원의 문화 공존에 실패했을 경우 무슨 일이 발생할지 감히 상상할 수도 없다.

실제로 현대사회에서 필수적인 이 개념에 대한 논쟁의 부재는 어떤 의미에서 근대화주의 이론의 막강한 영향력을 보여 주는 것이기도 하다. 문화와 소통 사이의 관계 속에서 모든 것이 그렇게 단순했단 말인가! 이런 복잡성의 한 가지 예는 바로 2002년 9월에 개최된 요하네스버그 국제회의의 지속 가능한 발전에 대한 논의에서 소통에 관한 어떤 명확한 토대도 없었다는 것이다. 문화 다양성은 거기에서 생태다양성의 한 요소로서만 논의되었다. 비록 대지와 물, 교육 등은 오늘날 지속 가능한 발전의 필수적인 조건으로 인정되었지만, 문화와 소통의 경우는 여전히 부차적인 것으로 남아 있다. 그렇지만 소통의 패러다임, 그리고 거대한 정보 연결망의 패러다임은 발전과 자유의 필수 불가결한 정치 조건이다.

+ 제안들

우리는 근대화의 세 가지 근본적인 현상에 직면해 있다. 그것은 점점 더 강해지는 문화와 소통 사이의 관계이고, 가치와 이익, 즉 규범적 요소와 기능적 요소 이 두 가지 모순된 영역의 항구적인 공존이며, 마지막으로 새로운 정치적 도전으로서의 문화적, 집단적 정체성의 출현이다.

근대화의 이 같은 변화에 대한 관습적인 분석 도식들은 실제와 반대 방향으로 가고 있다. 문화에 대한 숙고는 매우 적으며, 그마저도 대개는 엘리트 문화에 대한 것으로, 중산층 문화 혹은 대중문화, 나아가 통속적인 문화에 대한 연구는 충분하지 않다. 즉 이해해야 할 문화가 주위에 넘쳐나는 실정이다. 소통에 대해 말하자면, 그것은 1950~1970년대 이후 매우 저평가된 상태에 머물러 있다. 이 구상은 여기서 정체성-문화-소통의 삼각관계가 서구 선진국뿐 아니라 개발도상국 사이에서 민주적인 역할을 담당할 수 있는 조건들을 보여 주는 데 있다.

가설은 단순하다. 만약 서구, 특히 유럽이 이 세 가지 개념과 그들 관계의 중요성을 이해하지 못하고 그들의 모순적인 토론을 조정하지 못한다면 충돌의 위험은 점점 더 증가할 것이다. 달리 말하자면, 문화적 활동과 소통의 세계화에서 서로에 대한 사회 개방의 증대에 직면해서 정체성-문화-소통의 이 새로운 삼각관계가 민주적 역할을 할 수 있다는 믿음은 세계화의 충격을 제어하는 데 필수적인 조건들 중 하나다. 그러나 이것은 문화와 소통, 정체성과 그들의 관계에 대한 새로운 사고의 전환을 요구하는 것이며, 또한 다른 문명들의 필수적인 자리를 인정하는 것이다. 그러므로 서구에게는 매우 어려운 변화라 할 수 있다.

1) 관례추종주의를 탈피하자

지난 수년 동안 문화 다양성의 문제는 우리에게 두 가지의 상당히 다른 의미와 함께 제기되었다. 하나는 유네스코가 정의한 의미 내에서의 문화 다양성, 즉 문화적 정체성과, 언어, 문화유산 그리고 가치의 존중이다. 다른 하나는 도서에서 영화, 라디오에서 텔레비전, 인터넷에서 비디오게임까지의 모든 영역에 걸쳐 있는 문화 산업에 의해 촉진된 문화 다양성이다. 이것은 동시에 문화적 개방과 표준화를 유발한다. 물론 문화 산업들은 자신들이 문화 다양성의 도구인 척 가장한다. 그러나 그것은 경제 논리와 문화 논리 사이의 갈등이 자주 있어 왔다는 것, 또한 세계적 차원에서 문화 산업의 이익은 문화 다양성의 존중과 불가피하게 모순적이라는 사실을 기억하게 만든다.

미래의 세계 문화를 성찰하는 일은 전통에 승리한 후 이데올로기가 되어 버린 서구적 근대화를 비판하는 것이다. 종종 근대화의 유일한 유산인 근대화 이데올로기는 진보로서의 앞선 모든 과정, 과거 흔적으로서의 국경과 정체성, 인간 해방으로서의 금기와 규칙의 전체적 초월을 상징한다. 그러나 이것은 근대화가 매우 반(反)민주적인 정치 토대, 즉 독재 정권이나 종교적 근본주의자에 의해 비판되었기 때문이 아니다. 또한 서구가 근대화 비판으로부터 심각한 주제를 볼 필요가 없기 때문도 아니다. 즉 다른 문화가 서구 근대화를 비판했다고 해서 근대화의 가치가 손상되는 것도 아니다.

하지만 근대화를 구하기 위해서는 비판해야 한다. 언뜻 보아 민주적이지만, 실제로는 오로지 서구적인 모든 논쟁의 방향을 완전히 바꾸고 전통, 정치, 문화, 종교 그리고 역사로 간주되었던 단순주의를 비판해야 한다. 즉 재탄생의 조건을 생각하는 것은 문화와 문명의 위대함이 단순히 경제적 권력에만 연결된 것이 아님을 기억하는 것이다. 경제 논리라는 단 한 가지 기준에서 미국은 지배적인 문화가 될 것이다. 비록 미국이 경제적, 기술적 슈퍼 파워라 할지라도 매우 영향력 있는 그들의 문화는 역설적으로 그렇게 막강하지는 못하다. 심지어는 그 반대다. 경제 논리가 강요될수록 다른 기준을 보호해야 한다. 특히 문화를 위해 세계화는 주위의 경제주의와 기술주의로부터 탈피해야 한다.

또한 다른 문화를 이해하려는 노력을 경주해야 하며, 지배적인 서구주의와 소통 수단의 작동이 마치 상호 이해의 어려움을 극복하는 것인 양 혼동하는 소위 '지구촌'의 환상에서 벗어나야 한다. 또한 이민과 테러리즘의 문제를 넘어 위대한 종교와 문명의 중요성을 재인식해야만 한다. 아울러 근대화와 그 부산물, 즉 세상에서 타인보다 우월해질 방법이 있다는 환상에 대한 비판 작업을 지속해야 한다.

문화의 다른 필수 요소, 즉 과학적 문화와 기술적인 문화 역시 똑같은 방식으로 재확인해야 한다. 이에 대한 서구의 개념은 비록 그것이 전 세계를 지배한 것이라 할지라도, 비록 모든 나라들이 당연하게 거기에 밀착되어 있다 할지라도, 너무 협소하다. 그러나 이런 지배적 개념은 존재하는 모든 다른 모델들을 서열화하기 위한 유일한 표준처럼 여겨지는 경향이 있다. 이런 협소한 서구적 개념의 예를 하나 들면, 한 나라의 정보 통신 체계를 그 나라의 새로운 문화 표준으로 여긴다는 것이다. 서구 선진국이 80퍼센트를 점하고 있는 컴퓨터 연결망이 세상의 다른 문화에 대한 '자연스러운' 우월함을 부여하고, 서구 모델의 조정이 아니라 보호하에서만 문명들 간의 더 나은 대화가 가능하다고 믿는 것처럼 말이다. 이것은 정보의 세계화 덕택에 증가한 수많은 사람들과 사회들이 과학적, 기술적, 문화적 불평등을 확연하게 측정할 수 있고, 그것에 대해 더 많이 생각하게 되었다는 것을 망각한 태도다. 한쪽으로 부자 나라와 나머지 나라들 사이의 불평등에 대해 부인한다면, 다른 쪽에는 정보와 개방의 덕택으로 이런 불평등을 보다 빠르고 명백하게 인식한다. 또한 한편에 인터넷 망과 사이버 세상에 대한 논의가 있다면, 다른 한편에는 소통의 다국적 전략과 현실이 있다.

우리는 정보 사회라는 주제에 대한 거리 두기의 부재와 함께 똑같은 간극에 재차 직면해 있다. 정보 사회는 컴퓨터 망에 의해 개발도상국이 자신들의 '뒤처짐'을 따라잡는 것뿐만이 아니라, 모든 사람들과 소통하는 것도 가능하다고 가정했다. 아울러 우리는 통신 기술이 문화들 사이의 대화를 가속시킬 것이고, 마침내 연결망이 문화 다양성보다 더 중요하며, 모든 문화는 같은 모델, 즉 서구적인 모델 위에 세워졌다고 믿게 되었다. 기술적 접근과 장비에 대해 말하는 것은 사실 민감한 문제, 즉 문화 사이의 불평등과 불소통의 문제를 회피하기 위한 것이다. 인터넷을 정보 사회의 중심 연결망으로 만드는 것은 참으로 순진한 생각이다. 이것은 1960대와 1990년대 사이에 컴퓨터의 일상화와 함께 우리가 이미 똑같은 약속을 했다는 것, 또한 우리가 보아 왔듯이 이 연결망이 민주적 정부만큼이나 전제적인 권력에 의해서도 사용될 수 있다는 것을 망각한 것이다. 이것은 또한 연결망의 확장과 똑같은 속도로 빠르게 증가하고 있는 사이버 범죄와 신기술 관련 투기가 신(新)경제의 출현보다 더 빠르게 증권 시장의 파산을 가져왔다는 사실을 망각한 것이다. 신기술의 가치에 대한 거짓말과 경제적 붕괴는 근대화 이데올로기의 수많은 해설을 상대적 가치로만 인정하게끔 만들었다.

또한 2001년 9월 11일의 사건은 국제적인 테러리즘에 대한 문화적 요소의 중요성을 보여 주었다. 이것은 서구 사회의 기술적 파워와 인터넷으로 세상을 통제할 수 있다는 거만함과 적나라하게 폭로된 사이버 '정보 부대' 시스템의 존재에도 불구하고 서구가 얼마나 무능력한지를 상징적으로 보여 준 사건이었다. 무너져 내린 세계무역센터 빌딩이 기술적 근대화와 정보 소통 산업체의 파워를 상징하는 건물이었다는 것은 참으로 역설적이다. 그 것은 전통적 금속제철업 또는 전자 산업의 본거지가 아니라, 소통과 문화에 연결된 가장 근대적이고 '세계화된' 산업체들의 중심이었다. 2001년 9월 11일은 소통학적 도전을 남겼다. 그리고 전세계에 미국이 가진 '파워'가 약해졌음을 생중계로 보여 주었다. 2000년대 초 나스닥 붕괴에 따른 증권 시장의 공황과 더불어 이사건은 정보와 소통 산업에 대한 규제의 문제를 제기했다. 동시에 거기에는 소통의 신기술들에 대한 열정, 역사의 현장에 존재하고 싶은 욕망 그리고 언제나 '진보적'이라고 설득된 미국 문화에 대한 원한 등이 있었다. 미국 엘리트들이 '문명의 충돌'을 언급할 때는 종종 자신들의 문화가 최고라고 말하기 위해서다.

2) 관계적 문화 정체성을 구성하자

오랫동안 소통의 장애물로 여겨진 정체성은 오늘날 정반대로 소통의 필수 조건이 되고 있다. 모든 것이 일방적으로 개방된 세상, 그리고 토대를 상실한 세상에서 정체성이 유일하고 필수적인 지표가 되었기 때문이다. 이것은 또한 집단에서, 공동체 또는 국가적 수준에서 볼 때 사실이다. 하지만 세계화는 국가의 종말을 야기하지 않으며, 그것은 필수적인 균형추로서의 국가 존재를 필요로 한다. 오직 국가나 지역적 재통합만이 세계화에 약간의 규제를 가할 수 있다.

이런 문화 정체성은 언제나 정치 영역에서 가장 중요한 것이었으며, 또한 가까이서 보면 그것이 두 가지의 문화 정체성으로 나뉜다는 것을 알 수 있다. 한쪽은 폐쇄적 문화 정체성으로, 그것은 개방에 대한 거부, 토대의 상실과 함께 법과 행동 영역보다 종교적 영역에 더 밀착된 공격적인 문화 정체성으로 이어질 수 있다. 그리고 근대화와 경제 논리, 언어의 이름으로 '침입하는' 정체성에 맞서 자기 방어적인 정체성을 구축한다. 일본과 중국을 지나 퀘벡에서 이란까지, 그 예는 수도 없이 많다.

다른 한쪽은 관계적 문화 정체성인데, 즉 모든 집단적 정체성을 보존하며 동등하게 협동하는 것이다. 브라질이나 인도처럼 큰 나라, 그리고 유럽 대부분의 나라들에서 이런 관계적 문화 정체성을 찾을 수 있다. 여기서는 덜 불평등한 대화가 가능하며, 종종 어떤 특정 생활수준과 인식 그리고 자신에 대한 일종의 자신감 등을 가정한다. 폐쇄적 문화 정체성이 언제나 비판당하는 것은 아닌데, 특히 과거 서구의 확장에 맞설 때는 특히 그러했다. 세계화와 함께 이 폐쇄적 문화 정체성은 다른 의미를 가지게 되었다. 어쨌든 선험적으로 그것을 배제하지는 말아야 한다. 이것은 극우적 포퓰리즘에 대해서도 같은 문제다. 틀에 박힌 상투적 편견을 피해야 한다.

미래의 정치적 도전들 중에서 가장 핵심적인 문제는 관계적 문화 정체성을 구성하기 위한, 그리고 종종 매우 폭력적인 폐쇄적 문화 정체성을 피하기 위한 전제 조건이 무엇인지 아는 것이다. 관계적 문화 정체성은 문화적이고 정체적인 다양한 문제 제기들을 초월할 정치 계획을 전제로 한다. 정치적 기획을 갖는 것은 타자와 우리들 사이의 관계에 대한 대화를 수용한다는 것이고, 또한 이타성을 인정하며 그것을 토대로 관계 구성의 수단을 찾으려 노력하는 것이다. 관계적 문화 정체성과 함께, 우리는 덜 자기중심적이 될 수 있다. 또 그들의 상호 특수성을 인정하는 데서 더 나아가 결국 다양한 공동체가 그들의 다양성을 초월하는 특정 규범에 동의하는 일종의 공존 모델, 즉 유네스코가 종종 '구성적인 다원주의'라고 부르는 것을 창조할 수 있다.

민주주의는 정치에 이어 사회적인 것이 되었다. 21세기에는 개인과 공동체가 다양한 문화 정체성을 인정하고 정치적 형태에 대한 그들의 관계를 성찰하도록 강요한다. 다시 말해 정체성을 보장하고 그리고 그것들을 초월하게 만드는 수단을 제공하는 정치적 형태의 의미로서 민주주의는 이제 문화적이다. 이것은 소통 기술의 세계화고, 문화적 민주주의를 더 빨리 생각하도록 강요하는 문화 산업의 파워다. 물론 배타적 공동체주의와의 차이는 미약하지만 이것은 필수적이다. 두 가지의 경우 모두 문화적 다양성과 문화 정체성의 중요성을 인정하고 있다. 그러나 문화 공존은 더 나아가 정체성들의 단순한 공존을 초월하는, 그리고 다른 한편으론 사회의 이질적인 특성을 수용하는 정치적 원리를 요구한다. 실제로 세상의 모든 이웃들 사이에 문화적, 정치적, 사회적인 삼각의 공존 모델을 구축해야 한다. 이것이 문화 정체성들 간의 전쟁과 계급들 간의 투쟁을 부분적으로 제한할 수 있다. 또한 이는 논리의 충돌을 순간적으로 중재하는 수단으로서의 정치적 특권이다. 확실히 이 세 가지 요소들은 구축하기 어렵지만, 한편으로 이것이 세계화가 전쟁의 추가적인 인자가 되지 않게 하기 위해서 지불해야 할 비용이다.

3) 공론장에서 소통과 문화를 논의하자

문화 정체성과 문화 공존은 이 문제들이 문화적 공간 속에서 상호적으로 논의될 때에만 정치적 목적으로 인정될 수 있다. 우리는 아직 멀리 있다. 국제적인 공론장이 없고, 또 조만간 활성화될 가능성도 없는 이 상황에서, 적어도 이 문제들은 국가-정부 내에서 토론을 일으킨다. 예를 들어 국민 투표 같은 도전을 만들고 그들의 문화적 역량을 발휘하며 시민들의 선택에 자신감을 갖게 하는 수단이다.

지난 20여 년 동안 출현한 대부분의 갈등은 문화적이며, 여기에는 이런 인식 수용에 대한 일종의 연착이 있다. 예를 들어 세계무역기구 내에서 벌어진 문화 산업의 위상에 대한 협상은 전 세계적 차원의 어떤 흥미도 유발하지 못했다. 모든 사람이 석유산업이나 건강만큼 중요한 정치적 목적과 관련된 것을 이해하기 위해 그것들을 공적으로 만들어야 하는데도 불구하고, 그러한 협상의 대면은 비밀스럽고 기술관료(Eurocrate. Europe과 Technocrate 의 합성어-옮긴이)주의적인 채로 남아 있다. 즉 미래의 평화를 위해 필수적인 이 투쟁이 소위 현명한 소수에 의해 비밀인 채로 남아 있는 것이다. 이것은 쟁점 문제들이 종종 우리가 생각했던 것보다 이해하기가 더 쉬울 수 있기 때문에 슬픈 일이며, 정보가 제공되는 즉시 그 주요한 이점을 재빨리 측정할 수 있다는 점에서 비통한 일이다. 문화 공존을 숙고하는 것은 세계적 차원의 민주주의적인 사상일 뿐 아니라 불가피한 정치적 필요성이다.

모든 어려움은 현상들이 정치 문화에 앞서 있다는 사실이다. 예를 들어 구(舊)유고슬라비아의 위기는 우리들에게 종교적, 인본주의적, 민주적인 문화와 전통을 포용하고 있는 유럽이 이 문화 전쟁을 조정할 능력이 없다는 것을 일깨워 주었다.

문화와 소통은 아직 정치적 핵심 목표로 부상하지는 못하고 있다. 특히 국가적 공론장이나 국제적 조직체 속에서 이런 문제들이, 예를 들어 발칸 전쟁과 같은 쟁점으로 떠오르게 만드는 위급함이 부족하다. 유럽에서 급격히 확산되고 있는 극우적 포퓰리즘 정당들의 부상은 이런 간극을 증명하고 있다. 언어와 국가 정체성, 전통의 문제 제기를 통해 자신들의 목소리를 명확하게 내고 있는 반유럽주의 운동의 출현 또한 같은 맥락으로 파악할 수 있다.

현재 세계적 차원에서 존재하는 여타 지역 연합체들의(아세안, 남
미공동시장 등) 정치적 목표가 비록 유럽연합의 기획에 비해 덜 야심
적이라 할지라도, 소통과 문화의 문제는 거기에서 반드시 부상할
것이다. 오직 유엔과 유네스코, 그리고 여타 다른 국제 조직만이
문화 다양성의 문제와 점점 더 견디기 힘든 외교적 화술의 경향
을 제어할 수 있다. 특히 유럽에서 이런 문제들에 대한 개방된 논
의가 그 어느 때보다 절실히 필요하다.

예를 들어 문화 다양성의 위상에 대한 세계무역기구 내의 거
대한 논쟁은 의심할 여지없이 두 가지 정치 철학의 충돌을 아주
명백하게 보여 주는 것이다. 경제 논리와 사회철학을 옹호하는
미국의 정치 철학은 이런 문화 산업과 다른 산업들 사이의 차이
점을 거부한다. 이와 반대로 특히 프랑스를 위시한 유럽의 정치
철학은 미국과는 반대로 문화와 정치 사이의 관계에 대한 오랜
경험을 바탕으로 이런 문화적 예외를 인정해야 한다는 입장이다.
15년 동안 다른 유럽 국가들이 드러낸 적대적이거나 혹은 냉담
한 관심 끝에, 마침내 유럽은 이런 논의의 중요성을 인식하기에
이르렀다. 실제로 오늘날 유럽 위원회의 이데올로기가 미국의 탈
규제 이데올로기에 의해 낙인찍히고 있는 동안 국가-정부 내의
모든 것이 변하고 있다.

이런 관점에서 우리가 미래의 정치적 고려에서 소홀할 수 없
는 또 다른 논의가 있다면, 그것은 바로 정교분리주의, 즉 종교적

세속주의일 것이다. 우리는 지금 이슬람 원리주의 정권에서 보고 있는 것과 같은 모든 문화적 요소에 대한 종교의 침략을 막기 위해서 문화 영역에 관련된 것과 종교 영역에 관련된 것을 아주 명확히 분리해야만 한다. 세계적 차원의 정교분리주의 원칙을 보호하는 것은 필수적이다. 물론 종교와 정치의 분리가 평화를 확실히 보장하기에 충분한 것은 아니다. 그러나 세상의 모든 역사가 증명하듯 그 둘을 혼동하는 것은 분명히 전쟁과 종교 전체주의의 추가적인 요인이다. 정치와 종교가 분리된 정부는 적어도 문화적 문제 제기를 단순화할 수 있다. 그렇지 않으면 우리가 세상의 많은 곳에서 보고 있듯이 종교가 문화를 전복하고, 문화는 종교를 관통해서만 정치와 만날 수 있다. 종교적 세속주의를 점진적으로 구성하는 것은 의심의 여지없이 문화 다양성의 가장 중요한 조건 중 하나다.

4) 기억 속에 역사를 보관하자

비록 지금은 잊힌 것처럼 보이지만 국제적 차원의 문화적 논쟁에 대한 기억이 남아 있다. 가장 최근의 것은 1980년 유네스코의 '신세계정보질서(NOMIC: Nouvel Ordre Mondial de l'Imformation et la Communication)'에 대한 근본적인 논의다. 이때에 이미 당시의 소련(URSS)에 의해 지원된 비동맹 제3세계 국가들은 서구를 정보와 영화, 텔레비전을 통한 문화 제국주의의 용의자로 고소했다. 소련의 지원하에 이루어진 이 최초의 혁명은 동서(東西)의 첨예한 대립 현장이 되었다. 그러나 다른 비동맹 제3세계의 대부분 나라들과 마찬가지로 전체주의 정부인 소련은 정보 산업의 반(反)민주적인 특성을 고발하는 데 적합한 위치에 있지 않았다. 그 결과 서구는 이런 고발을 배제하는 데 성공했다. 그러나 이런 비판의 성격은 정확하게 남아 있다. 이 당시에 이미 서구는 민주주의의 좋은 측면과 함께, 세상의 나머지 나라들에게 자신들의 문화와 소통에 대한 개념과 정보의 비전을 점점 더 강요했다.

'정보와 소통에 관한 새로운 세계 질서'에 대한 논의는 실제로 앞을 내다본 셈이었다. 왜냐면 오늘날 문화 산업의 파워는 과거 그들이 갖고 있던 파워와는 비교할 수 없을 정도로 커져 버렸기 때문이다. 소통뿐만이 아니라 문화 영역에 있어, 개발도상국에 대한 서구의 지배는 평화 그 자체가 도박에 걸려 있는 것과 마찬가지다. 그리고 지금은 제3세계의 후원자 역할을 하던 소련도 존재하지 않는다. 사실 사람들은 언제나 문화적 가치, 즉 자유, 평등, 종교, 언어, 문화와 전통 등을 위해 투쟁한다. 공산주의의 붕괴 이후 충돌의 원인을 살펴보기만 해도 그것을 알 수 있다.

어떤 의미에서 50여 년 동안의 동서 냉전은 전쟁에서 문화적 역할의 중요성을 각인시켰다. 우리가 그것을 좀 더 숙고해 보면 동서 냉전은 인류와 문화 이 둘이 관여한 정치적 대립을 관통하므로 정치적인 동시에 문화적이었다. 오늘날 우리는 문화 다양성이라는 거대한 영역에 대한 논의를 개방해야 할 뿐만 아니라, 이런 문제가 강대국과 약소국에게 같은 방식으로 놓여 있는 것이 아니라는 사실을 인정해야만 한다. 가장 중요한 것은 문화 정체성이 정치적 독립에 직접적으로 연결되어 있다는 것이다. 그러나 경제적 독립 없는 정치 독립은 문화 정체성을 거의 보장하지 않는다. 결국 이것이 지난 세기 동안 정치적 독립만이 모든 것의 열쇠라고 여겨졌던 지배적인 도식으로부터 벗어나 미래를 위해 문화 다양성을 보존하기 위한 수단을 숙고해야 하는 이유다.

5) 반세계화주의자들에게 권리를 주자

반세계화주의자들의 투쟁은 아주 필수적이다. 왜냐면 그들은 지난 20여 년 동안 경제적 개방을 진보와 동일시했던 기술 이데올로기에 맞설 능력이 있다는 것을 증명했기 때문이다. 지난 수년 동안 서구 사회를 견고하게 만든 단일 도그마, 즉 경제적 개방과 탈규제, 민주적 진보 사이의 자연적 관계라는 도그마를 고발했다는 것은 극히 어렵고 용감한 일이자 21세기의 출현을 알리는 진정한 행동이었다.

반세계화주의자들은 문화와 소통을 정치의 심장부에 올려놓은 최초의 사람들이다. 그들은 세상의 주류적인 시각에 문제를 제기하기 때문이며, 그들이 제기하는 문제와 공표하는 투쟁이 전 세계적 차원이기 때문이다. 현재의 역설은 이 운동이 소통과 문화 산업을 투쟁의 최우선 대상으로 삼지 않고 농업, 환경, 에너지 문제를 더 중요하게 다룬다는 것이다. 반세계화운동은 모든 방법과 영역이 될 것이다. 반복되는 경제 위기, 거대 문화 산업들의 투기 등이 이런 인식을 강화할 가능성은 충분하다.

6) 문화 다양성에 대한 가식을 비판하자

풍부한 문화적 사고의 구상은 문화 다양성이라는 주제에 만연하고 있는 어정쩡한 태도에 대한 과감한 비판을 통해서만 가능하다. 유네스코는 확실히 근본적인 국제 조직이 분명하다. 그러나 그것은 자신을 구성하고 있는 논리와 모순적인 관리 안에 너무 얽매여 있다. 유네스코는 미래의 전쟁과 평화의 핵심 요소가 될 문화와 소통에 대해 행동을 취하는 최초의 존재가 되는 대신 구태의연한 '외교적 화술 문화'의 가장 높은 자리가 되어 버렸다. 유네스코는 공존할 수 없는 것들을 함께하게 만드는 힘과 가장 실제적인 모순들을 제거하는 힘을 가지고, 점점 더 판에 박힌 텍스트, 즉 보고서, 조항, 규칙, 연구서 등을 양산하고 있다.

문화 공존의 문제가 더욱 격화되는 때에 유네스코는 점차 잊히고 있다. 미래의 평화를 위해 필수적인 정치적 논의의 장소이자 조직이 되는 대신, 세상의 모든 대표들과 이익 논리들을 한자리에 대면할 수 있는 세계 유일의 정치 공간이 되는 대신, 종종 모든 관례추종주의자들을 위한 장소가 되었다. 그것은 수백만의 일반 개인의 경험과 단지 몇몇 소수 특권층 엘리트들의 경험을 혼동하며 세상의 가짜 엘리트들을 왕성하게 받아들였다. 모든 문제, 특히 자기 자신을 박탈당한 수백만 사람들의 존엄성 문제가 살롱에나 어울릴 화제인 것처럼 세속화되고 탈(脫)정치화되었다. 어떤 도전도, 어떤 적도, 어떤 불평등도, 어떤 제국주의도 없으며, 결국 어떤 권력도 없다.

유네스코를 비롯한 국제기구의 텍스트들을 꼭 읽어 보아야 한다. 그러면 거기에서 그들이 "다국적 문화 산업이 세계적 문화 다양성의 주역 배우가 될지도 모른다."고 경탄하며, 논의들을 진척시킬 수 있을 것이라고 설파한 장밋빛 전망을 꿰뚫어 볼 수 있다. 그리고 그것이 실상은 이해 당사자 어느 누구도 곤란하게 만들지 않기 위해 많이 뒤틀린 덕분에 심지어 우습기까지 한 텍스트라는 것을 이해하게 될 것이다.

문화 공존, 또 다른 세계화

전 세계적 차원의 문화 공존은 어떻게 가능한가? 문화 산업의 영향력과 문화 다양성의 혼동을 어떻게 피할 것인가? 문화 다양성을 존중하는 새로운 정치적 문제와 관련해 모든 가난한 나라들이 거대 선진국과 똑같이 중요하다는 사실을 받아들 수 있는 방법은 무엇일까? 이것은 문화 산업이라는 이름 아래 다국적기업에 의해 자행된 강탈에 대한 문화 다양성의 복수다. '작은 문화 정체성'이나 '문화적 소수'는 존재하지 않는다. 다 같이 중요한 문화 정체성과 다 같이 중요한 문화적 개인이 있을 뿐이다. 예를 들어 천 명이 사용하는 언어는 수백만 명이 사용하는 언어와 동등한 가치를 갖는다. 왜냐면 그것은 단순히 언어가 가지는 의미뿐만 아니라 그 사회가 가진 세계관을 보여 주는 문화유산을 포함하고 있기 때문이다. 즉 모든 곳에 공존해야 할 정체성이 있는 것이다.

과거에는 기술과 경제적으로 지배적인 권력이 곧 문화적으로 지배했지만, 오늘날에는 어떤 권력도 문화적 지배를 강제할 수 없다. 세계 제일의 군사 대국인 미국이 제일의 문화 대국은 아니다.

사람들은 정보의 홍수에 노출될수록 자기 자신의 목소리를 높이려 할 것이다. 소통의 수신자는 소통의 세계화의 전 영역에 걸쳐 중요한 역할을 할 것이다. 또한 그들은 정치적 질서에서도 점진적으로 그렇게 될 것이다. 정보가 적고 그나마도 소수에 의해 독점되었던 과거와 달리 오늘날처럼 정보와 소통에 의해 지배되는 세계를 관리하고 이해하는 것은 무척 복잡하다. 이는 곧 문화 공존이 세계적 수준의 정치적 도전이 되었으며, 우리 모두가 숙고해야 할 문제가 되었다는 것을 의미한다. 유엔의 탄생을 주관했던 것과 똑같은 생각, 즉 상호 존중과 평등에 기초한 문화들 간의 공존을 구성하는 것 말이다.

문화 공존은 지난 20여 년 동안 정보 시스템의 세계화와 보편적 소통을 혼동한 정보 사회의 신화가 붕괴되어야만 찾아올 수 있다. 즉 기술에 대한 환상의 붕괴, 통신 문화 산업의 위기, 또한 기술과 경제에 대한 정치의 우위, 기술과 시장에 대한 사람과 문화의 우위를 재구축하기 위해서는 기술 이데올로기의 위기가 필요했다. 문화 공존은 전 세계적 차원의 문화 공존을 구상해야 할 '현실'이며, 동시에 문화와 소통이 전쟁의 추가적인 인자가 되는 것을 피해야 할 정치적 '목적'이고, 또한 세계화를 숙고해야 할

'개념'이다. 이것이 바로 문화 공존이 세계화의 세 번째 토대가 되는 이유다. 첫 번째는 우리가 이미 보았듯이 유엔의 창립이나 제2차 세계대전 이후 인권의 공포와 같은 정치적 토대다. 이 보편적인 정치 원리는 지난 반세기 동안 동서 냉전과 탈식민지화 등 거대한 어려움을 관통하며 동서, 남북(서구 선진국과 개발도상국) 모두에게 서서히 강요되고 있다. 비록 이들은 자주 이런 정치 원리를 배신했지만 말이다. 21세기의 개방된 세계가 스스로 재구축되어야만 하는 이 순간에, 제2차 세계대전의 광기를 경험하며 아주 어렵게 조직된 원리들 외에 다른 세계적, 보편적 가치는 존재하지 않는다. 또한 세계화가 어떤 지침도 없는 자본주의의 괴물이 아니라, 보다 덜 파괴적인 것이 되도록 만들고자 하는 이 원리들 외의 다른 토대는 있을 수 없다.

두 번째 토대는 공산주의의 붕괴와 국제적 교역 개방, 통신 기술의 발전과 더불어 지난 20여 년 동안 우리가 이야기해 온 경제 세계화다. 마르크스주의와 비동맹주의 등 이데올로기 퇴조의 시대에 경제적 세계화는 특히 서구에게 유엔의 창립 개념과 같은 수준의 '사상'으로 소개되었다. 그러나 2002년 이후 투기와 부패의 피해가 속출하고 지구촌을 구성할 것이라 믿었던 문화 산업이 위기를 맞았다. 그러자 이제 와서 첫 번째 토대, 즉 정치 원리에 의존하며 규제의 필요성을 강조하고 있다. 그럼에도 경제 세계화는 여전히 막강한 현실로 남아 있다.

세 번째 토대는 세계적 정치 목적으로서 문화와 소통의 급부상과 관련된 것이며, 또한 인권에 의해 찬양됨과 동시에 경제 세계화에 의해서 평가절하된 문화 다양성의 수용에 대한 국제적 차원의 요구다. 문화 다양성에 대한 정치 개념은 지난 50여 년 동안 경제 세계화에 의해 소외되었다. 하지만 통신 기술과 산업이 정치사상의 무장된 양팔로 소개되던 지난 20여 년 동안 거기에는 근본적인 전환이 일어났다.

우리는 현실에서 이 세 가지 개념의 차이를 구분해야 한다. 문화-소통의 세계화(Mondialisation)란 세계를 하나로 연결하여 지구촌이라는 감상을 주는 통신 기술에 관련된 것이며, 경제 세계화(Globalisation)란 65억 명의 소비자들에게 아무 방해도 받지 않고 자본주의의 꿈을 판매하는 경제에 관련된 것이다. 마지막으로 보편주의(Universalisme)란 유엔으로 대표되는 국제 공동체의 사상에 연결된 것이며, 또한 지구상의 모든 인간들의 평등 원칙을 보호하는 것에 목표를 두고 있는 것이다. 각각의 배경은 다르지만 탈규제의 사상은 이들 세 개념 사이의 거짓 관계를 구축하며 성립되었다. 문화-소통의 세계화는 의심의 여지없이 경제 세계화를 조장했다. 그러나 국제 공동체의 이념을 예견하지는 못했다. 문화와 경제 세계화는 지리적 국경을 제거했지만, 보편주의는 그것들을 보존했다. 왜냐면 보편적 사상은 국제 공동체에 연결되어 있고 언어적, 문화적 정체성의 존중을 전제로 하기 때문이다. 문화 다양성과 공존은 확실히 보편성에 대한 정치적인 문제를 제기했다.

왜 문화 공존인가?

문화 공존이라는 개념은 모순된 두 논리의 결과다. 그것은 문화들 사이의 대화를 구축하려는 유엔의 특정 사상이자 문화와 소통을 상품화하려는 사상이다. 우리는 이 개념에서 문화와 소통을 특정 짓는 규범성과 기능성을 동시에 찾을 수 있다. 이런 모호함은 초월할 수 없는 것이며, 또한 인간 해방의 원천이다. 이 것은 문화와 소통이 가치만큼이나 이익에 굴복하기 때문이며, 모호하기는 하지만 문화 공존의 개념이 문화-소통의 세계화의 세번째 토대가 되기 때문이다.

그러나 자세히 살펴보면 처음과 두 번째는 덜 모호하다. 보편주의적인 토대에도 불구하고 유엔은 세계적 권력들의 관계와 경제 세계화를 단순히 보증했다. 반대로 종종 자본주의 경제의 최악의 존재로 소개되는 신자유주의는 사람들로 하여금 스스로 발전하고, 곤궁에서 탈출하고, 인간적인 존엄에 도달하며, 세계화 과정의 한 역할을 담당할 수 있게 만드는 등 경제 발전의 중요한 요인이었다. 이런 현상은 세 번째 토대에서도 마찬가지다. 문화 다양성은 하나의 이상이지만, 동시에 다국적기업들은 그 이상의 물질적 구현임을 자처한다.

이것이 바로 규범적 개념으로서 문화 공존이 흥미로운 이유다. 문화 공존은 기술 세계화와 경제 세계화에 균형을 이루는 대칭이다. 보다 더 개방된 세상을 만들기 위해서는 새로운 정치적 규범을 개발해야 한다. 이것은 동시에 정치적 도전으로서의 정체성 출현, 개방된 세상의 핵심 요소인 문화들의 공존을 구축해야 할 필요성과 같은 경제와 정치 이외의 다른 매개변수들에 대한 인식 강요다. 어쨌든 이것은 위기와 충돌의 위험성을 관리한다는 의미에서 정치적 개념이자 '세상에 더 이상의 지배적인 문화는 없다'는 사실을 반영한다. 심지어 이것은 기술적, 경제적 권력을 한쪽으로, 문화적 지배를 또 다른 쪽으로 각각 분리하는 것이다. 실로 21세기의 가장 커다란 변화 중 하나다.

이 개념의 야심은 세계적 수준의 문화와 소통에 대한 문제 제기가 점증하는 것의 중요성에 대응하며 제2차 세계대전의 종결 이후 이루어진 커다란 변혁의 한 부분이 되었다. 여기서 우리는 문제를 회피하는 손쉬운 방법이자 모든 문제를 문화 산업체의 손에 맡겨 버리는 '세계적 문화'라는 순진한 개념을 거부할 필요가 있다.

문화 공존에 대한 국제적인 연구나 저작물은 극히 제한되어 있다. 그것은 '문화들 간의 대화'라는 유네스코의 고전적인 개념을 담고 있거나, 문화적 혼혈과 세계주의적인 철학과 문학적 주제를 담고 있을 뿐이다. 그러나 인류학과 민속학, 역사, 종종 정치학과 언어학의 탁월한 연구 그리고 경제개발 전문가들의 작업 등이 이 영역에 존재하고 있다. 하지만 아쉽게도 모든 것이 무시된 채 남아 있다. 지난 1세기 동안 이런 문제를 연구해 온 국제적 과학 공동체는 엘리트나 정치인, 미디어에 비해 중요한 위치에 있지 못하다. 오늘날 특히 세계화에 의해 야기된 상호 이해의 커다란 필요성과 지식들을 요하는 '공식적인' 토의가 이런 작업들의 존재와 이를 둘러싼 일반화된 무관심 속에서 증가하고 있다. 그런데도 이런 지식과 문화, 경험 그리고 인간관계의 혼란 양상은 참으로 개탄할 일이다.

세계화가 진척될수록 인문과학과 사회과학이 더 필수불가결한 존재가 되리라는 것을 우리는 언제 깨닫게 될 것인가? 인문·사회과학이 모든 문제의 해결책은 아니라 할지라도 그들은 작으나마 축적된 경쟁력을 가지고 있다. 우리는 갑자기 '불가해한' 군사적 충돌이 발생했을 때 '전문가'들을 호출한다. 사람들은 그들의 정통함에 놀라고, 언론 매체들도 그들의 말에 귀를 기울인다. 사회와 문화라는 것이 오랜 시간에 걸쳐 서로 뒤섞이고 혼합되는 것이라면, 경제 세계화와 정보 시스템, 문화 산업의 가속화로 인해 제기되는 문제들은 전혀 다른 것이 될 것이다. 그것은 '지구촌'의 가장 중요한 정치적 문제가 된 문화 다양성을 강요할 수 있는 민주적 개념으로서의 문화 공존을 생각하는 것이다.

모든 것은 여기서 출발했고, 그 작업은 무척 어렵다. 왜냐면 거기에는 언어 문제나 문화와 문명 사이의 거리, 불평등이 자리 잡고 있기 때문이다. 결국 문화 공존은 역사와 대면하는 것이다. 하지만 우리는 지금껏 개방과 교역, 신기술 등이 이 불통의 문제를 해소해 줄 것이라 기다려 왔다. 개인들은 세상 모든 방향에서 찾아오는 친숙하지 않은 것들에 대해 불쾌하게 생각한다. 지금 문화 공존은 '지구촌' 신화의 잔해 위에서 과학적, 정치적 도전이 되고 있다.

사실 문화 공존은 지난 50여 년 동안 발생한 모든 정치적 변화를 압축한다. 그것은 동서 냉전의 종말과 서구 선진국과 개발도상국 사이의 불평등을 해소하며, 또한 많은 국가의 정부와 민족과 사회 사이에 존재하는 차이를 인정한다. 문화 공존은 세계적 차원에서 최소한의 경제적, 재정적 규제와 그리고 세계무역기구의 중재보다 더 견고한 정치적 원칙의 설립을 요구한다. 또한 기술이 메시지의 양과 종류의 주목할 만한 다양성과 증대를 꾀하는 그 순간에 정보와 지식과 문화 사이의 모든 관계 분석을 필요로 한다. 그것은 '호모 이코노미쿠스'라는 프리즘을 통해 모든 것을 보는 정보와 소통의 세계화에 대한 현재의 다소 순진한 비전으로부터 벗어날 것을 강요한다.

문화 다양성 문제는 그 자체로서 정치적 도전이자 공론장을 통한 논의를 필요로 한다. 하지만 우리는 이와 관련해 세계적 차원의 공론장이 없다는 것을 알고 있다. 그렇기 때문에 국제적 수준의 문화 다양성에 관한 논의가 지금으로서는 지엽적인 형태로 이뤄지고 있다. 결국 이 문제는 늘 두 가지 모습으로 진행된다. 하나는 가능한 정체성을 분할하려는 경향이고, 다른 하나는 마치 이런 문제가 처음부터 없었던 것처럼 문제를 부정하는 경향이다. 특히 미국이 정치 문제로 비화되는 것을 막기 위해 자주 사용하는 수단이다.

이것이 문화 공존을 논의하기 위해 국가-정부와 유엔 차원에서 해결해야 할 아마도 가장 어려운 일 중 하나가 될 것이다. 국가-정부 수준에서 가장 풍부한 경험은 통합을 목표로 존재하는 다양한 모델들에 관련된 것이며, 국제적 수준에서 구성해야 할 공존의 모델이다. 역사적 연대의 기본 원칙이 적용되는 커다란 지역, 예를 들어 중동이나 라틴아메리카, 유럽과 같이 중간 수준의—전 세계적 수준이 아닌—문제 제기도 가능하다. 이것은 확실히 시도할 만한 작업이다. 적어도 이들에게는 공유된 전통이 있기 때문이다.

정 치 적 목 적

　지난 20여 년 동안 국가-정부를 통해 다문화주의에 대한 논의가 있었다. 이것은 우리가 문화 공존을 이야기할 때 무(無)에서 출발하지 않는다는 것을 말한다. 비록 규모와 목적은 다양하지만 개념, 역사, 토대들은 부분적으로나마 이미 존재한다. 또한 1980년대 서구 선진국과 개발도상국 사이의 불평등에 관한 최초의 정치적 문제 제기였던 '신세계정보질서'라는 잊힌 논의도 있다. 그러나 그 당시 논쟁의 쟁점은 '민주적인' 서구 선진국이었는데, 이것은 탈식민지화와 관련된 비판에서 시작되었기 때문이다.

　문화 공존의 논의는 그 당시 우리가 많이 조롱했던 제3세계, 즉 비동맹주의의 이상을 지배한 20여 년 동안의 경제적 확장과 기술주의의 승리 이전에 존재했던 정치적 논의에 연결되어 있다. 적어도 이 이상은 세계적 수준의 존재, 정치적 인식, 문화 다양성의 인정을 의미했다. 경제 세계화가 적지 않게 확장된 이후 자본주의에 비판을 가한 주요 당사자인 공산주의는 붕괴되었다. 비록 마르크스주의가 자신들이 예견한 사회주의 인터내셔널이 아닌 경제 세계화에 대한 해답을 제시하지 못했지만, 우리가 최근의 경제 위기에서 볼 수 있듯이 자본주의 경제 역시 그 문제를 해결할 수 없었다. 그리고 우리는 너무 자주 마르크스주의에 대한 비판과 민주주의의 승리를 혼동하여 세계화의 다양한 문제를 직시

할 비판적 사고를 결여했다.

　문화 공존은 세계적 수준으로 구성된 정치적 사고의 상징이다. 이것은 베를린 장벽의 붕괴와 더불어 사라진, 그러나 자유주의 경제 논의에 의해 대체되지도 않은, 쇠약해진 비판 의식을 계승한다. 이것은 또한 문화와 소통 현상의 중요성을 인식한다.

　그런데 여기에는 1960년대와 비교해 근본적인 차이가 존재한다. 그 차이란 정치화된 대중의 수가 그때와 비교해 엄청나게 많아졌다는 것이다. 이것은 세 가지 현상의 결과인데, 생활수준과 교육 여건 향상 그리고 소통의 혁명을 용이하게 한 라디오와 텔레비전의 역할이 있었다. 사실 컴퓨터와 인터넷은 개방의 민주적인 역할을 완벽하게 수행한 이전 세대 대중매체에 의한 사전 정지 작업, 즉 소통에 대한 민감화 작업이 없었다면 지금과 같은 성공을 거두지는 못했을 것이다. 어쨌든 정체성-문화-소통 문제들은 더 많은 대중과 비판적 사고로 결합된 개인들의 수가 점증함에 따라 더 활발히 드러나게 되었다. 비록 공유하는 국제적 공적 의견은 없지만 같은 정보에 접속하는 대중의 합계는 우리의 과소평가에도 불구하고 미래를 위한 비판적 사고와 행동의 토대를 이룰 수 있다. 다보스(Davos)로 대표되는 경제 포럼의 상징이자, 국제적 사회 포럼의 본거로서 포르투-알레그레(Porto-Allegre, 브라질의 남부 도시로 2001년 최초로 '세계사회포럼'을 개최했다-옮긴이)의 출현은 이런 빠른 변화를 상징적으로 보여 준다.

생태학이 환경 문제를, 비정부기구(NGO)가 인권 문제를 정치의 핵심적인 영역으로 만드는 데 성공했듯이, 이것은 문화와 소통의 정치적 문제에 대한 세계적 차원의 숙고를 더 빨리 구성해야 함을 의미한다. 우리가 문화와 소통의 문제를 이해하기 위해서는 사회적 연대와 대중사회, 인간 해방, 문화 다양성의 문화유산인 언어 등에 대한 근본적인 문제들을 제기해야 한다. 달리 말해 미국의 문화 제국주의에 대한 문제 제기와 정보와 소통에 대한 문제 제기가 시들해지는 것을 막아야 하며, 논의와 문제를 개방하고, 규범성을 다시 소개하며, 행동의 여지가 존재한다는 것을 기억하고, 경제 논리가 언제나 자신들의 규칙을 강요할 수 없다는 것을 분명히 해야 한다. 문화와 소통이 함께한다면 가치와 이상은 절대 멀리 있지 않다. 문화 공존에 있어 중요한 것은 경제적인 논리의 접근을 멀리하고 문화와 인본적인 영역을 통합하는 반세계화주의자들의 주장을 수용하는 것이다. 비록 문화와 인본적인 통합이 전 세계 모든 사람들에게 똑같은 의미를 갖는 것은 아니지만, 그것은 경제가 인간 본성의 유일한 조건이 아니라는 것을 기억하게 할 것이다.

오늘날 문화와 소통은 건강이나 식량 문제만큼 중요하다. 하지만 가장 발전되고 비판적인 사고를 지향하는 반세계화운동이 문화적 문제를 보지 않고 오직 경제 관련 문제에만 집착한다면 문화와 종교, 소통과 관련된 모든 것에 대한 정치적 쇄도가 이어질 것이다. 우리는 많은 국가에서 이를 목격하고 있다. 반세계화운동은 원칙적으로 경제에 초점을 맞추고 있지만, 지난 2002년 이후부터 이 운동 자체가 국제적 정보의 문제 제기에 완전히 통합되고 있다. 그래서 우리는 문화와 정보 산업을 향한 비판적 사고 확장을 더욱 기대할 수 있게 되었다. 이 문제들은 단순하지 않다. 우리가 사라졌다고 생각했던 개념과 논쟁의 대결장 없이 만들어지는 것도 아니다.

가장 핵심적인 것은 정체성-문화-소통이라는 아주 위험한 삼각관계의 세계적 문제에 대한 비판적 사고의 탄생이다. 세계적 차원의 문화 공존을 사고하는 것은 다가오는 미래에 가장 중요한 도전 중 하나다. 이를 위해서는 지배적인 경제, 기술 논리로부터 벗어나서 비판하고 사고해야 한다. 만약 문화 공존의 문제를 비롯한 문화적 이타성 문제에 대한 평화적인 해결책을 찾지 못한다면 그것들은 서구 선진국과 개발도상국의 경제적 불평등만큼이나 중요한 충돌 요소가 될 것이다.

문화 공존이란 단지 문화와 소통에 대해 책임을 지는 것만을 의미하는 것이 아니다. 그것은 또한 사회들 간의 이질적인 특성을 인식해야 하는 것이다. 다시 말해 전 세계적 차원으로 발전되지 못하는 배타적 공동체주의 모델을 거부하는 것이다. 위험은 문화주의나 배타적 공동체주의의 형태로 문화 공존을 제한하는 것으로부터 온다. 이것은 부적절한 반응이기는 하나 혼란에 빠진 세상에서 정체성을 보존하고 확고히 구축하는 장점은 가지고 있다. 그러나 배타적 공동체주의에서는 자신들과 똑같은 부류, 즉 똑같은 특성을 가진 개인들만을 재통합하며 그것은 민족의 이산과는 병치된다. 반대로 문화 공존에서는 사회들 간의 이질성을 수용하고 또 그것들을 조직할 수 있다.

이런 관점에서 정치적 기획 없이 문화 공존은 존재할 수 없다. 왜냐면 그것만이 공동체들 사이에 존재하는 차이점을 초월할 수 있기 때문이다. 사실 문화 공존의 모든 문제는 이타성이 놓일 자리를 찾는 것이다. 그리고 이 이타성이 바로 정치적 기획의 존재 이유다. 만약 공동체들의 작용을 초월하기 위한 다양한 정치적 기획들이 존재하지 않는다면 문화 공존이란 단지 공동체들의 총합에 불과할 것이다.

그렇다면 정치적 기획으로부터 무엇을 취할 것인가? 먼저 광의의 문화 다양성, 즉 현대사회에서 살아가기 위한 행동이나 가치, 규칙 등의 조화 그리고 이런 문화 다양성의 요소들을 민주적으로 통합하는 원칙의 존재, 마지막으로 다른 사회적 영역에 문화적 영역을 결부시킬 수 있는 수단을 인정하는 것이다.

이 정치적 기획은 문화와 소통, 경제, 사회 그리고 정치 사이의 관계를 구축하는 것으로, 결국 문화적 영역에만 얽매이지 않는다. 이것은 아주 어려운 도전인데, 좁은 의미로는 소통의 세계화 시대에 벌어지는 문화들 간의 대화에 관련된 것이며, 넓은 의미로는 언제나 극도로 어려운 언어적 문제를 극복하며, 평화를 위해 꼭 필요한 새로운 영역의 문제들을 끄집어내는 것이다. 이런 어려움은 유럽연합 차원의 문제 해결을 위해 열한 개의 언어를 사용해야 하는 유럽을 보는 것으로 충분하다.

어쨌든 신뢰 없이는 문화 공존을 이룰 수 없다. 예를 들어 우리는 월드컴(World.com) 같은 거대 통신 사업체의 파산과 한결같이 세계적 자본주의를 이식하는 투기적 소문에서 그것을 확실히 알 수 있다. 문화-소통 산업의 세계화는 다양한 사고 시스템 사이의 대화를 이끌어 내기 위한 최소한의 신뢰에 도달해야 함에도 불구하고 불안정한 소문의 논리만을 두드러지게 한다. 하지만 이것은 경제적 소문에만 관련되어 있다. 만약 이런 소문들이 문화들 간의 대화에 연관된다면 이것은 더욱 끔찍한 상황이 될 것이다. 왜냐면 문화 공존에 관해서는 규범이 존재하지 않기 때문이다. 모든 것은 우리가 알지 못하는 문화들과 토론하는 체계를 거의 갖추고 있지 않은 논점들 사이의 신뢰에 관한 문제다. 이것이 바로 문화 공존 논의가 국가적 공론장 안에 정착해야 하는 이유다.

우리는 또한 정치적 소통의 미래에 도달하기 위한 세 가지 영역을 말할 수 있다. 먼저 고전적으로 정치적 마케팅이며, 다음은 국가적 공론장의 역할, 마지막으로 세계적 차원의 문화 공존의 역할이다. 정치적 소통은 정체성-문화-소통의 위험한 삼각관계를 국가적, 지정학적, 세계적인 차원에서 동시에 관리할 수 있는 수단이 될 것이다. 이것이 바로 문화 공존이 평화의 가장 중요한 동력 중 하나인 이유다.

위 험 들

문화 다양성에는 많은 어려움이 존재한다. 그것들은 조잡하게 문화 공존을 구성하려는 수많은 수단들을 지칭한다. 확실히 모든 것은 배타적 공동체주의와 사회적 관계들의 '파벌화'에 많게 혹은 적게 관련되어 있다. 핵심적인 문제는 사회의 이질성을 보장하는, 그리고 우리가 집단적 문화 정체성이라고 부르는 것을 나타내는 문화 공존을 보존하는 것이다.

달리 말해 이것은 문화 공존뿐만 아니라 사회적 요소들에 대한 인식 또한 필요하다는 뜻이다. 역동적인 사회와 그 이질성을 인정하는 것은 '파벌화'의 다양한 형태와 문화 정체성을 사물화하는 배타적 공동체주의를 피하기 위한 필수불가결한 조건이다. 이런 문제 뒤로 문화주의 역시 윤곽을 드러낸다. 이것은 정치적, 경제적, 사회적인 모든 다른 영역들과의 관계로부터 떨어져 나와 문화를 반(反)사회화하거나 사회의 다른 영역들에 비해 문화 영역을 과대평가하는 수단이 된다. 소통에 대한 연구들은 이 분야의 선구자라 할 수 있는, 1970년대부터 영국에서 시작된 소위 '문화 연구'들을 다시 불러일으키고 있다. 이제 더 멀리 나아가야 한다. 실제로 몇몇 흐름도 존재한다. 그러나 가장 창의적인 흐름은 배타적 공동체주의에 관한 것도, 문화주의에 관한 것도 아니다. 그것은 다양한 사회적 집단을 사회정치적 투쟁으로 이끌 수 있는 사회적, 정치적 그리고 문화적 주제들의 지속적인 융합에 대한 것이다.

배타적 공동체주의와 그의 양면체인 문화주의의 이런 편류 곁에 문화적 권리 변화와 관련된 다른 길이 있다. 그것은 바로 지난 30여 년 동안 유엔에서 유네스코까지 그리고 또 다른 국제기구들 사이에서 벌어진 인권의 확장을 시도하는 강력한 전투적 운동이다. 1950년대 정치적 권리 이후에야 특히 소련의 압력 아래 경제적, 사회적 권리가 인정될 수 있었다. 이런 상황에서 오늘날 더 많은 사람들이 언어와 교육, 문화의 중요성을 강조하는 문화적 권리를 포함시키기 위해 노력하고 있다. 문화 공존이라는 정치적 목적에 근접한 이런 사상은 국제적 차원이나 문화에 대한 매우 다양한 정의 문제, 문화와 소통, 정부와 사회, 문화와 종교, 문화와 사회 사이의 관계에 그리고 민주적인 정치 권리와의 빈번한 적대 관계에 맞부딪치고 있다. 특히 개발도상국들을 위시한 많은 국가에서 문화적 권리는 정체성의 요구로서 수용될 수도 있을 것이다. 그러나 인권이나 민주주의는 꼭 그렇지만은 않다. 문화적 권리도 민주주의처럼 거부되거나 또 다른 의미로 왜곡되고 있다. 여기서 우리는 문화 공존과 민주적 정치 사이의 관계를 측정할 수 있다.

문화 다양성과 함께 우리는 언제나 폐쇄적 정체성과 관계적 정체성 사이에서 또한 배타적 공동체주의와 문화 공존 사이에서 위험한 줄타기를 하고 있다. 문화적 권리는 자신을 위해 타인의 문화적 권리를 인정하도록 강요하는 자신을 위한 문화적 의무다. 문제는 단지 문화적 권리를 위한 투쟁만이 아니라 실제로는 완전히 정치적, 경제적인 권리를 위한 투쟁과 동일선상에 놓여 있는 것이다. 또한 특정 나라의 압력 때문에 이런 투쟁이 협상에서 협상으로 옮겨 다닐 뿐 아니라, 문화 다양성의 권리에 대한 단순한 인식에도 이르지 못하는 것이다.

우리가 흔히 새로운 인종차별적인 '분리주의'라고 부르는 이 '차이에 대한 권리'는 새로운 민주적 권리인 문화적 권리와 정반대에 위치한다. 요컨대 문화 다양성에는 세 가지 비전이 존재한다. 엘리트 문화는 쉽게 말해 '공항의 세계주의자들'을 말한다. 배제된 사람들은 폐쇄적 정체성에 민감하다. 그리고 특권층, 특히 정치적 특권층의 비전은 관계적인 문화 정체성을 구축할 책임을 지는 것이다.

문제는 이런 시각들이 직접적으로 서로 합치되지 않는다는 점이다. 문화 다양성은 다국적 문화 산업체에 의해 배포되는 개념,

또는 새로운 정치적 문제로서 주장된 개념과는 전혀 다른 의미를 가지고 있다. 문화적 권리 또한 마찬가지다. 이들은 민주주의 확장의 원근법 속에서 사회적, 경제적 권리의 결과물이며, 동시에 특별히 민주적이지는 않지만 폐쇄적 문화 정체성과 관련된 모든 권리들에 대한 주장이다. 결국 문화 공존은 정치적 기획과 연결된 집단적 문화 정체성의 중요성을 인정하는 것인 동시에 배타적 공동체주의의 절박한 요구로 변형될 위험성도 갖고 있다.

달리 말해 현재 확장 일로에 있는 이 문화적 권리 주장은 위와 같은 이유로 매우 모호하다. 문화 다양성에 의미를 부여하는 정치적 기획과 문화적 정체성을 사물화하려는 시도 사이에 우리가 행동할 여지는 그다지 많지 않다. 특히 이런 문화적 주장들 속에서 작동하는 다양한 논리들을 더 쉽게 구별할 수 있게 만드는 사회적 갈등이 없는 경우에 더욱 그렇다. 전 세계적 차원의 민주주의를 위한 오래된 투쟁의 다음 단계로서 문화와 소통, 그리고 전 세계적 차원의 거대한 배타적 공동체주의 원칙으로서 문화와 소통은 그 차이가 크지는 않지만 핵심적인 문제다.

실제로 문화 다양성과 관련된 21세기의 가장 중요한 문제는 끝내 그것이 배타적 공동체주의와 같은 형태로 전복되느냐, 아니면 18세기에 태어난 보편주의 정치 전통에 이 새로운 도전을 접목해서 또 다른 정치적 기획을 구상해 내느냐에 있다. 첫 번째 경우 배타적 공동체주의와 문화주의는 상호 유사하며, 두 번째의 경우 비록 정치적 분석이 우선적이지만 문화적 요소는 정치적 행위의 심장부에서 일어날 것이다.

문화주의적 표류와 보수적이고 독재적인 정치권력과의 연계를 막기 위해 우리는 문화 다양성의 문제와 사회적, 문화적, 정치적 이질성 문제를 연결해야만 한다. 즉 문화를 사회와 정치에 다시 연결하면 정체성의 혼란을 피할 수 있다. 이것이 바로 문화 공존을 인권과 보편주의를 내재하고 있는 정치적 기획으로부터 분리할 수 없는 이유다. 그렇기 때문에 문화 공존은 정치적 게임을 단순화하는 대신에 그것을 더 복잡하게 만든다.

문화는 더 이상 가변의 보충물이 아니다. 이것은 사회에서 일어나는 모든 정치적, 민주적, 경제적, 사회적 투쟁을 압축한 하나의 특정 방식이다. 문화는 인권의 변두리가 아닌 심장부에 위치한다. 문화 공존이란, 개발도상국에 대한 서구 선진국들의 더 폭넓은 개방을 강요하는 면에서는 동의를, 그러나 모든 것이 서구의 잘못이라는 생각이나 문화적 수준에 의해 정해진 우열에 대해서는 반대하는 것이다. 그것은 또한 민주국가나 독재국가에 상관없이 문화적 정체성을 동등하게 위치시키는 것이다. 민주주의 전통에 기반을 둔 정치적 기획이 차이를 만들 것이다. 모든 분야에서 문화 정체성이 매우 중요한 것은 사실이지만, 다른 사회적, 정치적 영역을 잊어서는 안 된다. 그리고 민주적 전통에 근거한 토대는 문화 제국주의를 회피하는 수단이 될 것이다.

우리가 속해 있는 민주주의 전통에서 문화가 모든 것을 정당화할 수는 없다. 문화는 최상위 존재가 아니다. 오늘날 물질적 차원에서, 특히 국제적 차원에서 그 다양성이 먼저 인식되어야만 한다. 또한 그것은 민주적 틀 속에서 조직되고 사고되어야 한다. 문화 다양성과 정치적 실천 관계는 어떤 일이 있어도 보호되어야 한다. 그렇기 때문에 문화를 회피하는 것은 언제나 매우 극단적이고 위험한 일이다. 정체성 상실의 시대에 직면해 있는 우리에게 문화로 간주되는 모든 것이 정치의 마지막 도전 영역을 구성할 것이다. 세계화에 의해 유발된 불안정에 비례해서 점점 더 강해지고 있는 문화와 정치의 관계는 문화가 문화 제국주의나 단절의 논리가 아닌 민주적 접근법, 즉 폐쇄적 문화 정체성의 전망이 아닌 관계적 문화 정체성의 전망 속에서 구성되기 위하여 주의 깊게 관찰되어야 함을 의미한다. 하지만 이 두 전망의 차이는 근본적이지만 현실에서 구별하기는 매우 어려울 것이다. 또한 어느 것도 명확하지 않다. 다만 우리는 인권과 분리주의 사이에서 선택해야 할 것이다. 그 차이가 분명하지 않더라도 말이다.

이것이 아마도 유네스코의 존재 이유이자 그들이 해야 할 일일 것이다. 오늘날 유네스코는 어떤 문제 제기도 없이 외교적인 개념을 선호하며 표면적으로 회피하는 듯한 태도마저 취하고 있다. 물론 모든 나라들이 승인하게 만들기 위해서 그렇다는 것을 생각하면 이해할 만한 상황이다. 하지만 그러한 모호한 태도가 언제까지 가능할 것인지 궁금하다. 이 거짓 수동성이 때로는 능동성보다 더 위험하다는 것을 모르는가? 무엇 때문에 멀리 떨어져 있는 모든 나라들이 다 같이 한자리에 모이는가? 그것은 아마도 문화에 대한 그들의 정의, 문화와 소통, 사회와 정치 사이의 관계를 이해하기 위해서일 것이다. 유네스코가 문화를 책임지는 국제기구라 해서 과감한 정치적 선택을 회피할 수 있는 것은 아니다. 유네스코가 이와 관련된 핵심적인 문제들을 논의할 수 없다면 과연 누가 할 것인가?

문화 공존? 문명의 충돌?

문화 다양성은 세계화에 있어 불가피하다. 그것이 문화적 방식으로 취급되어 문화주의 또는 배타적 공동체주의에 도달하거나, 정치적 방식으로 취급되어 문화 공존의 개념을 구성하는 노력에 다다르는 것은 선택의 문제다.

문화 공존은 초월할 수 없는 정체성의 특성과 함께 소통과 사회 간의 관계를 관리할 책임을 강조한다. 정체성은 이제 더 이상 동화나 통합의 동의어가 아니다. 세상에는 수많은 정체성이 존재한다. 예를 들어 세계화는 우리가 국가 정체성에 의해 이미 만들어진 것을 직시하도록 강요한다. 현실에서 개방이 이루어질수록 정체성 원칙과 같은 사회적 원칙은 그것이 더 유연하다는 조건 하에서 더 필요하다. 보편주의는 정체적 민족주의에 직면하며 동시에 분리주의의 다양한 형태들과도 맞서고 있다.

만약 문화 공존이 성공한다면 보편주의는 유엔의 역할을 소생시킬 소통에 대한 숙고와 문화 정체성의 학습으로 가득 차게 될 것이다. 그리고 결국 우리는 국제적 공동체가 정체성의 재인식에 대해 제기한 원칙을 다시 찾게 될 것이다. 하지만 문화 공존이 실패한다면, 특히 종교와 같은 문화적 영역에서 충돌이 증대하고 보편주의는 커다란 위기에 빠질 것이다. 그러나 이런 충격이 불가피한 것은 아니며, 이것은 정체성-문화-소통의 위험한 삼각관계가 폭발하는 경우의 하나일 뿐이다. 정체성 개념에서 문화 공존의 모든 문제는 이런 충돌을 방지하고 다양성을 존중하는 보편주의적인 공존에 도달하기 위한 정치적 수단을 발견하는 것이다.

문화 공존이 '문명의 충돌'을 방지할 수 있는가? 문명 간의 충돌을 피할 수 없는 것으로 소개하는 새뮤얼 헌팅턴의 유명한 명제를 우리는 알고 있다. 하지만 간편하고 결정론적인 이 명제는 문화와 소통 사이의 관계에 대해 성찰을 요구한다. 한마디로 문명들 간에 일어나는 전쟁은 지난 반세기 동안 정체성-문화-소통 사이의 관계를 성찰하지 못했기 때문이다. 경제적 개방에 의해 제기된 문제들을 보완하기 위해 이론과 정치 영역에서 이루어진 것은 아무것도 없었다. 문화와 정치는 경제에 비해 뒤처져 있다.

우리는 전쟁의 위험을 증폭시키는 경제 세계화에 관련된 모순들을 해결하기 위해 이 뒤처짐을 만회해야 한다.

민족 간의 갈등은 집단적 문화 정체성의 반대 모습이라 할 수 있다. 그것은 식민지 역사의 유산이자 포스트 식민주의 역사의 먼 메아리다. 그리고 무시되고 우롱당한 문화적 현실에 대한 국제기구 모델의 덧칠하기 전략의 나쁜 결과라 할 수 있다. 문화 간의 충돌은 정체성 문제 제기의 실패를 의미하는 것이 아니라 오히려 그것이 필요함을 역설한다. 정체성은 문화와 소통에만 연결된 것이 아니라 대중의 개인주의적 사회 기능, 국제 관계 속에서의 정체성과 다원주의를 관리할 필요성에도 연결된다.

20세기 초 유럽에서 문화 공존 문제를 제기하는 것은 생각조차 할 수 없었다는 것을 기억하자. 당시에는 오로지 민족주의와 군주 정치, 백인 문명의 지배 그리고 세계 정복만이 존재했다. 우리는 참으로 먼 길을 돌아왔다. 문화 공존이라는 표현은 문화 정체성의 이름 아래 행해진 수많은 역사적 폭력에 대한 보복이다. 이는 두 가지 추가적인 원칙을 필요로 한다. 즉 문화의 비(非)위계질서적인 사고와 협상의 항구적인 과정으로서 상호 부채 의식의 중요성을 재인식하는 것이다. 그것은 또한 증오와 인종 차별주의에 대한 반대이자 보편주의의 시발점이다.

서구 사회는 스스로 문화적 세계 질서의 정상이라고 생각했다. 또 경제적, 기술적 우월성이 곧 문화적 우월성으로 연결된다

고 믿었다. 이런 그들에게 문화 공존이란 상상하기 어려운 것이었
다. 여전히 많은 국가들이 지금도 그렇게 믿고 있다. 문화 공존은
'전 세계를 아우르는 세계적인 문화'란 존재하지 않는다는 사실
을 재인식하는 것이다. 도처에 개인과 공동체의 혼혈 또는 융합
이, 사회와 문화를 이어 주고 파괴하는 가교가 존재한다. 그리고
시대에 따라 정체성은 더 혹은 덜 공격적이고 관계적이다. 그것
은 또한 비록 정보의 세계화가 현재를 바라보는 방식을 바꿔 놓
았다 할지라도 시대 척도의 다양성을 전제로 한다. 현실에서 문
화 공존을 사고하는 것은 대중의 개인주의 사회, 중산층 문화, 대
중매체, 탈식민주의, 여행 등과 관련된 모든 다른 종류의 동기들
을 통합하고 개발하는 것을 의미한다. 아울러 마르크스주의에서
제3세계 비동맹 그리고 오늘날의 반세계화주의에 이르기까지, 비
판적 사고의 다양한 형태들을 기억하는 것은 세상을 다르게 분
석하려는 노력을 의미한다. 물론 모든 것은 우리가 20세기 초에
보았던 전체주의 사상이나 극도의 독점적인 괴물 같은 시스템을
낳지 않는다는 조건하에서 이루어져야 한다.

이 모든 것이 문화적, 민족적, 종교적, 정체적 충돌의 종말을
의미하는 것은 아니지만, 적어도 대체적인 수단이 존재한다는 의
미에서 문화들 간의 대화 문제를 내일로 미루는 것보다는 낫다
고 할 수 있다. 문화 공존의 개념은 확장주의자, 민족주의자, 제
국주의자들의 개념 뒤에 오는 것이며, 최소한의 상호 이해와 관

용을 전제로 한다. 왜냐면 이 사상은 언제나 협상과 대화의 개념에 연결되어 있기 때문이다.

결국 이 개념은 문화와 정치적 소통의 개념과 같은 수준의 중요성을 갖는다. 동시에 소통의 규범적 문제 제기의 이점과 함께 문화적 인자의 중요성을 재인식하고 언제나 다른 문화를 희생시킴으로써 정체성을 확립하는 문화주의를 초월하는 것을 의미한다. 문화주의의 문제는 언제나 내재해 있다가 충돌의 순간에 폭력적으로 분출되는 숨겨진 민족주의다. 이것이 바로 고전적 정치에 소급되는 문화에 대한 정치적 고려가 필요한 이유다.

사실 정체성은 문화 공존 모델 내부에서 다루어야 할 문제다. 이것만이 정체성-문화-소통의 삼각관계를 관리할 수 있는 유일한 방법이기 때문이다. 정반대 성격을 가진 세 가지 규범적 영역인 넓은 의미로 정의된 문화, 이타성을 인정하는 소통 그리고 관계적이며 평화적인 정체성을 인정하는 조건에서 그렇다. 정체성이 국제적 관계의 틀에서나 국가의 틀에서 정확하게 같은 의미를 갖는 것은 아니다. 그러나 폐쇄적 정체성에서 관계적 정체성으로 어떻게 이행할 것이냐 하는 문제는 결국 똑같다. 문화 공존의 힘은 폐쇄적 정체성을 버리고 관계적 정체성에 가치를 부여하는 것이며, 비록 어려운 일이지만 배제와 위계질서에 대항해 관계의 중요성을 높이 평가하는 것이다. 문화 공존은 개방성의 증대와 정체성의 용출, 관계적 정체성을 추구하며 공격적인 정체성을 거부하려는 의지를 동시에 관리하려는 개념이다. 우리는 20세기와 21세기의 특정 진보에도 불구하고 고립된 개념에 대한 관계적 개념의 우위라는, 언제나 똑같은 가설로 되돌아온다.

20세기 탈식민지화와 더불어 정치적 문제 제기는 문화 영역에서 자취를 감추었지만, 21세기의 세계화 시대에 그것은 정반대가 되었다. 우리는 수많은 가난한 나라들로부터 경제 세계화에 직면해 정치적 독립은 무능력하다는 것을 알게 되었다. 이것이 물론 정치적 독립이 덜 중요하다는 의미는 절대 아니지만, 문화 정체성의 존중 없는 정치적 독립은 매우 허약하다는 것을 뜻한다. 문화 정체성의 존중은 독립을 보존하는 데 필수적인 요소다. 정치적 독립과 문화 정체성 사이의 관계 개방, 그리고 우리가 그런 생각들을 갖게 되었다는 점이 바로 변화라 할 수 있다.

정부, 공존, 국제 공동체

문화 공존은 공론장의 빈 공간을 메워야 한다. 유엔과 세계무역기구, 비정부기구는 문화 다양성의 문제를 다루는 데 적합하지 않다. 유네스코도 마찬가지다. 그러므로 정부의 논리와 국제기구의 논리 사이에 지역적 연대와 언어, 역사, 전통의 중요성을 발견할 수 있는 중간 수준의 새로운 기구를 구성해야 한다. 그리고 이 새로운 중간적 구조가 민족주의나 과거의 폭력적 요소들에 의해 다시 막히지 않게 하기 위해서는 민주적 기획에 연결된 문화 공존의 규범적 개념을 주의해서 다루어야 한다.

제2차 세계대전이 끝난 후 창설된 국제기구들은 위대한 개념의 결과물이었다. 문화 공존의 개념 또한 같은 결과물이며, 그것은 세계화에 대한 대답, 즉 국가와 국제기구 사이의 중간 수준의 개념과 미래의 평화를 위해 필수적인 남북(남북 국가들) 사이의 대화를 묶어 줄 수단이다. 문화 공존은 무(無)에서 솟아나는 것이 아니다. 비록 느리기는 하지만 연대의 새로운 관계를 창조하기 위해 노력하는 역사와 민주적 정치 전통 그리고 역사의 유산 위에 놓인 것이다. 그것은 국제기구들의 토대를 바탕으로 연대와 지역적 역사의 문제를 제기하며, 문화와 소통 산업의 하나의 척도로서 문화 다양성에 대한 관심을 불러일으킨다.

거기서부터 국가의 위상에 대한 숙고를 새롭게 할 수 있을 것이다. 우리는 세계화가 국가의 위상에 조종을 울렸음을 알고 있다. 날로 심화되는 경제 세계화에 제동을 걸 수 있을 것이라 여겼던 국가들은 자신의 통치권과 힘에 너무 얽매인 나머지 오늘날에는 적합하지 않은 정치적 의고주의를 지향하고 있다. 이런 논쟁은 특히 미국의 자유주의적 모델에 의해 시작된 경제 세계화와 세계적 차원의 탈규제, 특정한 형태의 보호무역주의를 동시에 권장하는 경제 세계화의 전진 부대에 의해 이루어졌다. 그러나 현실은 정반대의 상황이다. 세계화가 진전될수록 문화 공존의 핵심적인 틀에서 문화 정체성 보존의 필수 조건인 국제기구와 국가의 역할을 강화해야 한다. 우리는 슬프게도 이것을 지난 30여 년 동안 소말리아와 알제리, 수단, 콩고, 르완다, 코트디부아르, 앙골라, 모잠비크 등 거의 모든 아프리카 국가들에서 목격하고 있다.

비록 국가적 문화 정체성이 지난 반세기 동안 전쟁의 커다란 요인이었던 것은 사실이지만, 오늘날의 문제는 정반대 경우다. 정부는 정체성을 보존하고, 문화들 간의 대화를 구성하며, 정보의 세계화를 규제하는 데 필수적이다.

국제기구와 국가 사이에 구성해야 할 중간 수준의 문화 공존은 국가의 문화적, 역사적, 조직적인 모든 계획의 강화를 전제로 한다. 정부에 의해 확고하게 구축된 통합의 선결 존재 없이 다문화 연대는 존재하지 않는다. 만약 국제적 차원의 문화 공존이 역사, 국가, 국경, 지역 기구(예를 들어 아세안 같은), 국제기구, 이민, 식민지 역사 등과 같은 다수의 문제들을 해결할 수 있다면, 그것은 국가의 틀이 존속한다는 조건하에서 가능할 것이다. 세계화에 의해 유발된 불안정은 국가의 틀이 확고하지 않는 경우 더 심하게 그리고 독단적이고 폭력적인 형태로 나타날 것이다. 소통의 신기술적 의미에서 인터넷에 접속된 세계가 정부의 역할을 무력하게 만드는 것은 아니다. 왜냐면 연결망은 배타적 공동체주의가 이미 제기한 것과 똑같은 문제를 제기하기 때문이다. 사실 그것은 어떤 면에서 개인과 공동체에 상호 이익이 되는 정체성 관계 안에 놓이기 위한 도구들이라는 사실에 대해 우리는 충분히 논의하지 않고 있다. 그러나 그것은 모든 사회, 특히 국제적 공동체의 존재 목적인 다른 근본적인 문제들을 관리하고, 또한 이타성과 이질성을 이해하는 데 효과가 없는 것으로 드러났다.

아울러 문화 공존의 출발점은 이타성 논리를 제거해야 할 대상이 아니라 동의된 정당성으로 인정하는 것이다. 연결망은 언제나 동질성의 측면을 강조한다. 그렇기 때문에 그것은 언제나 매력적인 반면에 또한 다른 문제를 남긴다. 가령 연결망 밖의 사람들은 어떻게 할 것인가? 결정론적으로, 사회는 이질적인 공동체들을 한데 어우르게 만들려는 목적을 가지고 있기 때문이다.

제2차 세계대전 종식 후에 정치적 인간의 창조성은 유엔이라는 국제적 수준의 조직을 창설해 냈다. 그것은 냉전과 탈식민주의를 견뎠으며, 그 당시 유엔의 통치력을 매우 질시하던 국가들과 동등하게 발전해 나갔다. 경제 세계화의 충격으로 국가는 불안정해졌고, 동시에 그들의 능력과 역할도 줄어들었다. 우리가 진입하고 있는 새로운 시대는 국제적 수준의 협상력을 지닌 유엔의 위상 강화와 문화 공존이라는 중간적 개념의 탄생을 전제로 한다. 문화들 간의 소통과 대화를 강화하는 이 이중의 운동은 결국 국가의 위상을 강화하는 것이기도 하다.

+ 제안들

1) 언어 다양성을 보존하자

이를 위해 국가적 언어, 방언, 크레올(Creole)과 같은 혼혈 언어 등 세상의 모든 언어들을 보존해야 한다. 이것은 교육과 매체의 역할이다. 만약 모든 사람이 영어를 사용한다면 문화 공존은 불가능하다. 왜냐면 언어란 단어들의 단순한 총합이 아니라, 생각하고 꿈꾸고 세상을 보고 상상하는 수단이기 때문이다. 우리는 한 언어에서 다른 언어로 똑같은 사상의 조직체를 만들 수 없으며, 똑같은 정신적 구조물도, 똑같은 이성 체계도 만들 수 없다. 우리는 러시아어, 중국어, 영어를 사용할 때 똑같은 방식으로 생각하지 않는다. 바로 이런 이유로 세상 모든 사람들에 의해 사용되는 인터넷과 영어가 세계적 교류의 가장 효과적인 수단이 될 것이라는 환상은 한마디로 난센스이다. 이 환상은 그저 또 다른 소통의 기술적 비전일 뿐이다.

언어의 다양성은 오늘날 제일의 정치적 현안인 문화 다양성의 첫째 조건이다. 프랑스의 언어학자 클로드 아제주(Claude Hagege)의 제안에 따르면, 우리는 어린 나이에 세 가지의 언어, 즉 모국어와 영어 그리고 스스로 흥미를 가지는 언어를 학습하도록 권장해야 한다. 문제는 영어를 사용한다는 것이 아니라 다른 언어들이 무시되지도, 저평가되지도 않아야 한다는 점이다.

게다가 언어들은 비(非)물질화된 문화의 목적을 나타내는데, 그 것은 문화의 역할이 단순한 문화유산이나 문화재로 축소되지 않는 것을 의미한다. 소통과 교류가 점증하는 시대에 더 넓은 영역을 포용하고 무형의 문화를 이해하기 위해 우리는 문화의 정의를 확장할 필요가 있다. 이것도 하나의 역설이다. 문화가 민주화되었지만 동시에 공산주의 붕괴 이후 모든 충돌에서 볼 수 있었듯이 지리적 영역에 기반을 둔 권리의 요구 또한 증가하고 있다. 마치 지리적 영토 혹은 국경과 관련된 문제가 문화 정체성의 부산물이었던 것처럼 말이다. 어쨌든 이런 영토적 필요는 노마디즘(Nomadism)과 연결망만이 문제가 되는 인터넷 시대의 논쟁에 대한 절대성을 부인한다.

다시 논점으로 돌아가면, 언어 없이 가능한 문화 정체성은 존재할 수 없다. 왜냐면 언어 자체가 정체성이기 때문이다. 언어에 대한 존중 없이는 어떤 문화 정체성도 불가능하다. 그리고 비록 오늘날 문화 정체성의 의미가 언어 정체성의 의미에 비해 더 폭넓다 할지라도, 어쨌든 언어 정체성 없는 문화 정체성은 생각할 수 없다. 하지만 전 세계적 소통의 기본 언어라는 위상을 가지고 있는 영어는, 역설적이게도 언어와 문화 정체성 사이의 이런 관계 부재가 오히려 약점이 되었다. 반대로 프랑스어나 이탈리아어, 스페인어, 일본어, 중국어 등의 힘은 언어와 문화 정체성 간의 강력한 관계에 바탕을 두고 있다. 오랜 역사를 갖고 있는 모든 나

라는 독립-정체성-민족-언어-시민 의식들 간의 밀접한 관계
를 형성했다. 언어 정체성은 언제나 문화 정체성의 가장 강력한
조건으로 남아 있으며, 그것은 우리가 종종 보아 왔듯이 정치 정
체성보다 더 중요하다. 교류가 많아지면 많아질수록 문화 정체성
존중은 더 실질적인 문제가 될 것이며, 언어와 문화 사이의 관계
역시 더 잘 보존될 것이다.

2) 언론의 자유를 보장하자

세계적 정보 전쟁에 있어 문화 다원주의를 보존하기 위한 매
우 중요한 두 가지 조건이 있다. 첫째는 강한 국영 언론 매체를
유지하고 동시에 인쇄 매체, 라디오, 텔레비전 그리고 더 일반적
으로는 영화와 연극, 음악과 같은 문화와 소통 산업의 존재를 유
지하는 것이다. 만약 공동체나 정부가 이런 다양한 문화 형태의
창작물과 그 사용을 조금도 제어할 수 없다면 어떤 문화 정체성
이 가능하겠는가? 이런 문화 산업의 독립이나 자치는 또한 거대
한 국영 매체의 보존에 의해, 또한 가능하다면 공적 영역과 나머
지 상업적인 언론 산업 사이의 균형 잡힌 상호성에 의해 이루어
질 수 있다. 만약 공적인 영상 매체가 너무 약하다면, 그것은 바
로 국가적 문화 정체성이 사라지는 원인 중 하나다. 물론 공적 영
역이 어떤 것을 확실히 보장하는 것은 아니다. 하지만 그것은 모
두가 국경의 종식과 개방의 미덕만을 찬양하는 이때에 아주 중요

한 소통의 정체성 문제를 보존할 수 있다.

둘째, 가능한 한 빨리 미국 채널인 CNN이나 FOX의 독점을 보완할 수 있는 영미권 이외의 세계적 정보 채널을 설립해야 한다. 정보의 세계화는 사건들에 대한 다양한 관점을 제공해 주기 때문이다. CNN과 FOX, BBC World와 나란히 유럽의 공적 여론 구성에 핵심적인 역할을 맡을 채널, 예를 들어 유로뉴스(Euronews) 같은 채널 강화가 절실히 필요하다. 유럽의 풍부한 문화 다양성에도 불구하고 재정적 측면에서 유로뉴스의 생존 문제가 반년에 한 번씩 거론된다는 것은 실로 아이러니가 아닐 수 없다.

관점이 다양해질수록 정보를 제공하는 것이 어려운 작업이 될 것이 분명하지만 이는 우리가 문화 다양성을 실현하기 위해 지불해야 할 비용이다. 우리는 걸프 전쟁으로부터 최근에 발생한 아프가니스탄 전쟁에 이르기까지, 미국인들이 CNN보다 알 자지라 채널이 더 효과적이었다는 것을 인정하는 모습을 지켜보았다. 세계적 정보 채널이 더 이상 서구에만 존재하지 않는다는 것과 세상의 다양한 비전이 공존하기 위해서 최소한의 경쟁이 있다는 것은 매우 중요한 일이다. '남(南)'으로 표현되는 개발도상국과 몇몇 서구 선진국들은 문화 다양성을 인정하지 않는 정보와 편향된 정보를 이제 더 이상 수용하지 않을 것이다. 예를 들어 우리는 타이와 멕시코, 아르헨티나를 뒤흔든 재정 위기와 관련해 그것을 똑똑히 목격했다. 그 언론들은 경제 논리에 입각해 세계은행과

IMF에 의해 낙인찍힌 수많은 사람들을 마치 진열하듯 보여 주었기 때문이다. 우리는 그로 인해 세상에 떠돌아다니는 재앙에 가까운 이미지들의 효과를 알고 있다.

만약 누군가 아주 무례하고 경멸적인 태도로 미국과 영국, 프랑스인들의 이미지를 보여 준다면 우리는 어떤 반응을 보일 것인가? 실제 결과는 모욕적이었고, 그것은 심각한 반미주의를 양산하고 말았다. 그리고 2001년 9월 11일의 사건이 있은 후에 자국 국민 3,000명의 죽음이 개발도상국의 4만 혹은 40만 명의 죽음보다 애통한 일이라고 말하는 서구의 언론을 접했을 때 무슨 말을 할 수 있겠는가?

2002년 봄과 여름에 걸쳐 진행된 닷컴 버블 붕괴를 유발한 분식회계를 고발한 정보에 대해 미국인들은 어떻게 감사할 것인가? 세계적 평판을 얻고 있던 엔론(Enron)과 월드컴(World.com) 또는 아서 앤더슨(Arthur Andersen)의 과오는 말할 필요조차 없는 것일까?

제어 없이 세계화된 정보는 집단적 폭력으로 느껴질 수 있으며, 미국을 향한 부메랑이 되어 돌아올 것이다. 비록 유럽인들이 정보의 미국적인 착상에 동의하지 않았다 할지라도 그들에게도 얼마간의 책임이 있다. 유럽인들은 다른 사회에 비해 더 강한 문화적 감수성을 자연스레 체득할 수 있었으므로 정보를 다른 방식으로 취급했어야 했다. 국제적 정치를 인식하는 데 있어서도 달랐어야 했다. 그럼에도 불구하고 그들은 그것을 구별해 내거나 적어도 이해하기에 무능력했다. 국제적 정보가 만들어지는 방식을 다양화하는 것은 미래의 평화를 위해서도 필수적이다.

3) 이민자들의 공헌을 인정하자

우리들의 논쟁에는 모든 것이 포함돼 있다. 외국인, 이민자, 서구, 폭력, 개발도상국, 우트르-메르(해외영토), 인종 차별주의, 포퓰리즘 등이 뒤섞여 있다. 어쨌든 세계는 지난 20여 년 동안 문화적 개방에 우호적이지 않았다. 그보다는 스포츠와 음악, 미디어, 영화에 집중돼 있었다. 특히 다문화주의의 최고 외교관은 다름 아닌 지네딘 지단을 필두로 한 축구 선수들이었다. 스포츠는 사람과 문화들 사이의 접촉과 화해의 최고 요인일 것이다.

하지만 가장 민감한 분야는 역시 지식의 영역에 있다. 예를 들어 1918년 이후 프랑스의 발전에 이민자들이 핵심적인 역할을 했다는 사실을 인정해야 한다. 만약 유럽이 이민자들에 대하여 항시 가지고 있던 그 부채를 더 자연스럽게 또는 더 자랑스럽게 인정했다면, 지난 30여 년 동안 일어난 극우파 논쟁이 지금 우리가 보고 있는 것처럼 확산되지는 않았을 것이다.

역사에 대한 유럽인들의 용기 부족과 위선은 우리를 둘러싸고 있는 침묵, 일상적인 인종차별주의의 만연과 확산을 설명해 준다. 또한 '문화의 용광로(Melting-pot)'라는 미국의 신화를 상대적으로 인정하는 것도 똑같이 필요하다. 미국에 이민자들에 대한 인종차별주의적인 정치가 존재했었다는 것과 이민자들을 국가에 대한 위협이나 미국 백인을 퇴행시킬 위험으로 보았던 위생학자들의 강력한 반발을 고려할 때 더욱 그렇다. 결국 이런 상황은 1924년 이민법의 재정으로 이어졌는데, 그것은 초라한 이민자가 미국인의 질을 약화시킬 것이라는 두려움에 기인한 것이었다. 결국 이런 논쟁이 언제나 회귀한다는 사실을 인정하고 다시 받아들여야 한다. 그것이 이데올로기의 도구로 사용되는 것을 막기 위해 역사적 지식을 소개해야 한다.

이민에 맞선 국가적 통합은 프랑스와 유럽, 전 세계에서 이미 오래전부터 논쟁과 환상, 이데올로기의 중요한 부분이 되었다는 사실을 직시하자. 게다가 우리는 유럽인들이 남아프리카와 오스트레일리아, 뉴질랜드에 정착했던 방식을 기억해야 한다. 왜냐면 그것은 유럽인들이 한 세기 동안 전 세계에 대해 가졌던 비전, 즉 자신들이 세상의 주인이므로 어디든 마음대로 정복할 수 있다는 생각을 그대로 보여 주기 때문이다. 또한 지난 세기 중국과 소련의 국경 분쟁과 1930년대부터 시작된 일본의 확장 정책의 피해도 잊지 말아야 한다. '우월한 문화'와 '위협적 국가'에 대한 테제는 지난 세기 내내 모든 국가적, 국제적 정치 영역의 한 부분이 되었다. 역사 지식은 이런 편견들을 초월하는 데 충분치 못하겠지만, 적어도 원근법적인 전망을 제시하고 이해하는 데 도움이 될 것이다.

4) 남북문제, 더 많은 정보를 제공하자

다른 한편으로 동반자의 조건이자 상호 존중의 표시로서 최소한의 경제적 발전 없이 가능한 문화 다원주의는 존재할 수 없다는 것을 인식하기 위해 남북 사이의 경제적 불평등에 대한 정보를 널리 퍼트려야 한다. 가난은 모든 문화에 장애가 되며, 서구 선진국 상품의 침투는 문화적 배제를 두드러지게 만든다. 이것은 세계은행과 IMF의 냉혹한 경제 논리와 탈규제가 낳은 똑같은 결과다. 물론 남북의 국경은 변하고 있고, 신생국가들이 증명했듯이 모든 개발도상국 또는 후진국들이 동질적인 것은 아니다. 남남(South-South) 사이의 관계 역시 남북 관계만큼이나 불평등하다는 사실을 언급해야 한다. 비록 이런 개념은 불완전하지만 어쨌든 현실을 반영한다. 남북 관계의 핵심은 경제적 질서가 아니라 존엄의 질서라는 것을 기억하자. 이것은 비전의 상호 교환이다. 북이 남을 바라보는 관점이 변하는 만큼, 남이 북을 바라보는 관점도 변해야 한다. 남을 이상화하는 순진한 비전은 도움이 되지 않는다. 남북 관계는 현실이기 이전에 상징적인 국경이다. 그러나 미디어에 의해 확산된 실재성에 따라서 점점 지각할 수 있는 것이 되었다.

30여 년 전에 비해 핵심적으로 다른 것이 무엇인가? 정보의 세계화 덕분으로 개발도상국들은 자본주의경제의 축복과 함께 자신들의 나라 안에 존재하는 거대한 투기와 피해를 인지할 수 있었다. 동시에 세계은행과 IMF 같은 국제기구의 간섭이라는 모욕적인 조건도 함께 떠안게 되었다. 너무도 많은 불평등과 부정, 범죄가 처벌되지 않고 남아 있으며, 동시에 사람들은 스스로 발전할 수 없는 무능력한 인간으로 취급당하며 자신들의 영역에 구속된 채 손가락질을 받고 있다. 지난 40여 년 동안 라틴아메리카는 아프리카만큼이나 그것에 대해 잘 알게 되었다. 그러나 지난 20여 년 동안 신기술과 탈규제, 세계화의 이데올로기에 기대어 온 단순 경제 논리의 자본주의 모델은 시간이 지날수록 영향력이 줄어들 것이다. 비록 이런 나라들의 교육 수준이 그다지 높지 못하다 할지라도 정보도 돌고 돈다. 지난 40여 년 동안 후진국 또는 개발도상국들의 세상에 대한, 특히 서구 선진국에 대한 그들의 관계는 많이 변했다.

남북 관계의 상투성과 지배의 현실 사이에는 제약 산업과 에이즈, 건강과 환경을 위한 갈등에서 볼 수 있듯이 호전전인 태도를 야기하는 무엇이 있다. 여기서 미디어는 긍정적인 역할을 담당한다. 그들은 이 추가적인 논쟁을 종결할 수도 있는 인식의 수용을 확산시키고 이 분야의 중심 가설, 즉 '정보의 증가가 문화와 관점 사이의 거리를 기계적으로 가까워지게 하는 것은 아니다.'라는 것을 보여 준다. 더불어 이것은 몰이해와 불평등, 불의가 정보 과잉의 세계화에 의해 더 실제적으로 되는 것을 막기 위해 정치를 필요로 한다. 전에 우리가 알고 보았던 많은 것들이 변하고 있다. 예를 들어 2002년 요하네스버그에서 개최된 환경 문제에 대한 위원회가 비록 구속력 있는 어떤 결론을 도출해 내지 못했다 할지라도, 이것은 문제에 대한 인식을 전환하게 만드는 근본적인 요소가 되었다. 세계 제일의 공해 배출 국가인 미국이 이 회담에 참가하지 않았다는 것과 교토의정서 체결을 차일피일 미루었다는 사실은 불행한 결과이다. 왜냐면 이제 세상의 모든 사람들이 그것에 대해 알고 있기 때문이다. 이제 사람들은 정보 덕택에 자신들의 의견을 표출할 수 있다. 그리고 이 때문에 힘만으론 더 이상 충분치 않다는 것을 미국은 여전히 이해하지 못하고 있다.

다른 예로 국제형사재판소(CPI, Cour Pénale Internationale)의 창설을 들 수 있다. 이것은 인종 청소와 같은 반(反)인권 범죄와 전범을 재판하기 위한 유능한 기관으로 전 세계의 법적, 도덕적 인식의 질서가 출현되었다는 의미에서 하나의 승리라 할 수 있다. 치열한 법적 갈등 이후 마침내 미국이 그들의 유럽 동맹과 손을 잡았다는 사실은 중요하다. 하지만 외교관과 미(美) 평화유지군은 이런 법 조항에 대해 예외적인 지위를 가질 수 있다는 사실은 남북 사이의 불평등 감정을 악화시켰다. 2002년 5월 미국은 이런 이유로 국제형사재판소 창설을 위한 로마협정서 조인을 철회했고, 결국 2002년 10월 그들의 요구 사항 대부분을 쟁취했다. 어떻게 이런 예외적 지위가 지속적으로 환영받을 수 있을 것인가?

우리는 최소한의 상호 이해를 방해하는 이런 단절을 곳곳에서 발견한다. 종교의 예를 들어 보자. 유대교와 기독교는 유럽에서 모두 자신들의 자리를 차지하고 있지만 이슬람교의 경우는 그렇지 않다. 이슬람교는 사회적, 문화적 대표성이 매우 부족한데, 이것은 일반 대중의 관점의 편협성을 강하게 나타내는 것이다. 문화적으로 더욱 이질적인 공식 사회가 되는 것은 여권 신장을 위한 싸움만큼 중요하다. 변해야 하는 것은 대표성이다. 그리고 먼저 우리 사회가 이민자 공동체로부터 위협받고 있다는 파시즘에 맞서 싸워야 한다. 현실에서는 무엇보다도 그들이 20세기 초 이래로 유럽과 프랑스에 가져온 공헌을 인식해야 한다.

우리는 예를 들어 여성의 지위, 세속주의, 사생활과 공적 생활의 분리 등에 관련된 민주적이고 유럽적인 가치를 더 잘 보호하기 위해 이런 공동체에 진정한 대화의 장을 제공해야 한다. 또한 모든 백인과 부자는 나쁘고, 모든 유색인종과 가난한 사람은 선하다는 문화 공존의 편견으로부터 벗어나야 한다. 간단히 말해 '지구촌'의 미덕과 일반화된 연결망 속의 상호작용으로 표현되는 진보를 끊임없이 설파하면서도, 막상 다른 문화와 교제하는 문제에는 눈에 띄게 주저하는 서구의 모든 부자 나라들이 먼저 대화의 장에 나서야 한다. 이 세계화에서 인간, 문화, 종교의 역할과

지리적 국경의 문제는 결코 회피할 수 없다는 것을 이해하지 못
하면서 어떻게 세계화의 미덕을 설파할 수 있겠는가?

5) 여행에 대해 고찰하자

　다문화주의에 대한 논의를 확장시킬 의미심장한 원천들은 존
재한다. 그것은 바로 폭증하고 있는 여행의 경험이다. 여행 산업
은 2억 5천여 만 명의 봉급 노동력을 소유한, 아마도 세상에서
가장 큰 산업일 것이다. 실제로 한 해 대략 7억여 명의 여행자들
이 있으며, 앞으로 20여 년 내에 그 수는 두 배로 늘어날 것이다.
여기서도 남북 사이의 불균형은 실재적이다. 그것은 여행객들의
출신지는 물론이고 세계 호텔의 4분의 3이 서구의 여섯 개 다국
적 호텔 그룹 산하이며, 세계 5대 여행사도 그 본부를 발전된 나
라에 두고 있다는 사실에서 알 수 있다. 여행은 실제로 관계에서
타자에 이르는 필요성과 어려움을 나타내는 상징적 행위다. 물론
여행은 종종 상투적인 편견을 전파하거나 사물화하는데, 왜냐면
우리는 우리 자신의 상투적 편견에 의해 보호된 후에만 타자에
접근할 수 있기 때문이다. 그럼에도 이것은 또한 개방과 이익의
요소다. 얼마나 많은 여행객이—물론 80퍼센트의 여행객은 서구
선진국 출신이지만—지난 40여 년 동안 세계를 여행했는가? 비
록 그들 중 대다수가 특별한 것을 본 것은 아니지만, 그중 일부
는 분명히 여행을 통해 세상에 대한 자신들의 변화된 시각을 갖

게 되었다. 어느 누구도 아무 생각 없이 여행하지는 않는다. 여행객의 머릿속에는 언제나 어떤 생각이 일어나며, 특히 이미지의 세계화가 있을 때 한층 그렇다.

역설적이게도 전 세계적 차원의 대중 여행에 대한 연구는 극소수에 불과하다. 지난 한 세대 동안 아주 지적으로 여행의 다른 양상들을 구축한 모든 대안적 형태의 여행 또한 주목받지 못하고 있다. 이런 모든 것들이 미래의 문제들에 대한 선도적인 접근 방법이 될 수 있음에도 이런 이점을 단순히 주변적인 것으로 치부하는 현상은 매우 유감스러운 일이다. 개발도상국들 역시 이런 여행 산업에서 자신들을 위한 자원을 찾을 수 있음에도 불구하고 어느 날 여행객들에 대한 적대감을 키우고 자신들을 닫을 수도 있다. 서구 선진국 국민들은 대개 자신들 나라의 이민자들에게 덜 우호적이면서, 위선적이게도 자신들은 다른 나라에서 어떤 손해도 보지 않으면서 자유롭게 여행하기를 바라고 있다. 몇몇 나라들은 극단적으로 말해 형이상학적, 감정적 혼란을 최소화하려는 서구 여행객들을 위한 동물원이나 보호구역이 되었다. 모든 긍정적, 부정적 측면과 함께 상호 이해에서 중요한 역할을 담당하고 있는 이 대중 여행 산업에 대한 연구 작업을 시작하여야 할 때다.

텔레비전과 마찬가지로 여행 또한 변화와 적응의 중요한 요소다. 텔레비전으로 떠나는 여행에서 우리는 각자의 집에 머물지만,

직접적인 여행은 우리로 하여금 짧은 기간이나마 움직이게 하고 직접 보게 만든다.

현실에서는 문화적, 정치적, 사회적, 종교적 다양성이 무제한적으로 존재한다. 기술과 경제는 물리적인 거리를 제거하며 세상을 한 마을로 전환시켰지만, 더불어 인류학적인 차이를 무척 구체적으로 보여 줬다. 이제 우리는 그것들을 더 잘 이해하고 관용하려고 겸손하게 노력하거나, 아니면 소통과 문화의 문제가 서구적 근대화 과정 속에서 해결될 수 있을 것이라고 가장할 것이다. 그러나 경제 세계화는 좀 더 평화적인 협력의 기회를 갖는 대신 문화 충돌의 추가적인 요인이 될 것이다.

결국 문화 다양성은 기능적인 강요만큼이나 규범적인 야심이다. 우리는 전쟁의 추가적인 위험이 되지 않도록 가장 평범하고 가장 실용적인 조건으로서 그것들을 아름다운 인본주의적 사상의 진열장 위에 정돈해야 한다.

제4장

유럽을 위해 무엇을 할 것인가?

유럽은 현재 문화 공존에 관한 민주적 경험의 최고 자리에 올라 있다. 역사에서 종종 볼 수 있듯이 이런 모험은 거의 반(半)무의식 상태에서 이루어진다. 유럽연합의 구성에 있어 일차적 문제는 경제적 성공이었으므로 회원국의 확장에 의한 위험들은 말할 것도 없이, 문화와 관련된 모든 것들은 뒤로 미루어졌다.

이것은 올바른 결정이었다. 50여 년에 걸친 유럽 통합의 도정을 완수하기에는 엄청나게 많은 공통의 문화적 요인들이 필요하다는 것을 알고 있기 때문이다. 하지만 현실적으로 회원국 간의 문화적 차이는 너무나 깊다. 지금으로서는 경제 통합이라는 불완전한 통합에 만족하는 것뿐이다. 유럽연합은 처음에는 15개국에서 출발해서 동유럽 8개국과 키프로스, 몰타를 포함한 25개국으로 확장했다. 뒤이어 불가리아와 루마니아 그리고 터키의 가입을 목전에 둔 상황(2012년 현재 터키를 제외한 불가리아와 루마니아가 합류해 가입국은 총 27개국이 되었다-옮긴이)은 이런 논의의 근본적인 필요성을 제기한다.

문화 다양성은 유럽 통합의 핵심이다. 이것이야말로 유럽에 위대함과 전례의 가치를 부여할 것이다. 공통의 종교적 토대와 인권을 향한 이성, 철학의 특정 모델에 대한 지지를 제외하고 모든 것이 유럽인들을 가르고 있다. 세상에 대한 비전을 지나 언어에서 역사까지, 차이점이 아주 의미심장함에도 불구하고 유럽 통합은 20세기에 있었던 피의 역사를 뒤로하고 사람들 사이의 화해와 협동을 구현하기 위해 시도해야 할 도전인 것이다.

세계적 수준의 문화 공존 문제를 숙고하는 것은 어쨌든 유럽의 작업장으로 향하는 것을 의미한다. 사람들은 과연 그들을 갈라놓는 모든 것을 초월하여 특정의 민주적 가치에 동의하고 상호 간의 문화적 정체성을 존중하며 공존할 수 있을까? 만약 유럽이 피로 얼룩진 역사에도 불구하고, 혹은 그 덕분에 이 도전에 성공한다면 세상의 다른 나라들을 위해 아주 긍정적인 정치적 교훈이 될 것이다. 그러나 반대로 실패한다면 사람들은 문화가 공존할 수 있다는 생각 자체를 의심할 것이다.

이 거대한 도전은 일종의 역사의 귀환이다. 유럽은 16세기와 19세기에 걸쳐 세계를 정복했고, 3세기 동안 그곳을 지배했다. 20세기의 두 차례 세계대전만이 이 제국주의 질서를 파괴할 수 있었다. 300여 년간의 과학적, 기술적 진보와 인간적, 사회적, 문화적 파괴와 착취 이후 경제 논리에 의해 좌우되는 시장의 세계화가 아닌 문화 공존으로써 다른 세계화를 조직하는 새로운 역사의 장에 들어서는 것을 의미한다. 거기에는 이중의 장애물이 존재한다. 첫째는 유럽이 그토록 애착을 갖고 있는 인권은 언제나 역사가 최소한의 비(非)이성과 혁신을 전제로 한다는 사실을 망각하지 않는 것이다. 민주적 사상은 승리와 동시에 민주주의의 사물화에 함몰될 위험이 있다. 두 번째 암초는 문화 다양성의 과도한 승리가 문화 민족주의로 전이될 위험성이다. 이는 앞의 문제와 연관이 있는데, 하나에 대한 문화적 권리는 다른 것에 대한 어떤 의무도 동반하지 않는 민주주의의 최종 단계로서 문화를 사물화할 위험이 있다.

유고슬라비아, 체첸 전쟁과 같이 유럽에서 일어난 독재는 세계적 차원의 문화 민주주의의 승리를 두려워하는 역설적인 상황이다. 현재 유럽은 모두를 위한 법치국가를 만드는 데 의견 합치를 보지 못하고 있다. 그리고 매춘과 불법적인 이민은 인권 존중이 모두에게 받아들여지는 가치가 되기에는 아직 멀었다는 것을 증명한다.

그러나 지구상에 존재하는 몇몇 민주주의 국가들은 민주주의의 모순에 대해 이야기하는 것을 금지하지 않는다. 세계화의 조건으로서 문화 공존의 문제와 함께 21세기에는 좀 더 이론적이고 정치적인 문제 제기가 필요하다. 그것은 민주적 보편주의를 보호하며 동시에 역사적 다양성도 존중해야 한다는 것이다. 유럽에서 경제 공동체가 구성된 이후 역사상 처음으로 문화적, 정치적으로 통합된 유럽을 구성하려는 시도가 있었다. 간혹 미국의 경우가 이와 유사한 사례로 소개되는데, 이는 잘못된 것이다. 미국의 경우 인구 통계학적으로 더 제한돼 있고, 특히 그들의 구성은 아주 천천히 그리고 폭력적으로 이루어졌다. 그들은 민주주의 사회를 표방하며 원주민을 제거하고 이민자들에게 미국인이 되기 위해 그들의 언어와 문화 정체성을 포기하도록 강요했다. 때문에 유럽과는 비교 대상이 될 수 없는 것이다. 우리가 말하는 문화 공존이란 개인이 아닌 사람들의 문제이며, 보다 넓은 영역에 걸쳐, 좀 더 빠른 리듬으로 이루어진다. 특히 정치와 경제, 문화의 새로운 장을 통해 각 문화의 정체성이 종말이 아닌 보존을 지향한다. 또한 교양 있고 정치적 감각이 뛰어난 사람들과 함께 아주 투명하고 민주적인 방식으로 진행되는 것을 말한다.

지금 유럽에서 일어나고 있는 문화 공존과 관련된 문제는 결국 세계적으로도 처음으로 일어나는 일이다. 그런 점에서 유럽의 해외영토는 유럽의 문화 공존을 구성하기 위한 기회가 될 수 있다. 유럽은 자신의 제국주의 역사를 통해—프랑스나 영국, 스페인, 포르투갈, 네덜란드의 개별 역사도 마찬가지로—대단히 많은 문화적 뿌리들을 갖게 되었다. 그것은 유럽인들의 문화 공존이 성공하는 데 좋은 수단이 될 수 있을 것이다.

이것이 바로 두 번째 역사의 귀환이다. 유럽은 식민지 국민의 동의도 구하지 않고 몇 세기 동안 그들을 지배했다. 이것은 비극적인 일이었지만 탈식민주의 이후 유럽과 그들 사이에 새로운 상호 연대의 역사를 시작하는 기회를 남겨 놓았다.

해외영토와의 문화 공존은 유럽이 스스로의 문화 공존을 사고하는 데 도움이 될 것이다. 이것은 유럽연합의 공동체 관계 속에서 세 가지 형태로 나타나고 있다. 초(超)주변지역연합(RUP, Règions Ultrapèriphèriques), 해외영토와 국가연합(PTOM, Pays et Territoires d'Outre-Mer), 아시아·카리브해·태평양 국가연합(ACP, Pays d'Asie, Caraibes, Pacifique)이 바로 그것이다.

그렇다면 이러한 모습들이 과연 유토피아적인가? 이것은 모든 것이 분열된 세상에서 사회와 문화, 종교와 함께 평화롭게 공존하는 방법을 배우는 것일 뿐이다. 즉 앞으로 세상이 직면하게 될 도전 그 이상도 이하도 아니다. 해외영토의 다양성은 유럽의 다양성을 사고할 수 있는 하나의 기회이고, 해외영토에 의한 기회는 유럽이 스스로 문화 공존을 경험하기 위한 지름길이다. 해외영토는 세계화와 그것의 탈규제 이데올로기, 그리고 불평등에 맞서기 위한 수단을 찾는다. 프랑스 해외영토를 예로 들면 그들은 프랑스라는 바람막이에 의지해 세계화가 주는 피해로부터 스스로를 보호할 수 있는 것이다. 유럽은 그들의 해외영토, 즉 주로 바다에 떠 있는 섬으로 구성된 해외영토에서 그들의 다양성을 보고 존중하는 방법을 배운다.

해외영토는 결국 유럽을 위한 겸손한 교훈이 될 것이다. 이들과의 관계가 물론 경제적 이익을 불러올 수도 있을 것이다. 하지만 지금 우리는 무엇보다 문화적 영역을 지켜야 할 것이다. 문화에 있어 '커다란' '앞선' 혹은 '작은' '미개한'이라는 수식어는 어울리지 않는다. 단지 상호 존중을 바탕으로 공존을 이뤄 내야 할 동등한 문화만이 있을 뿐이다.

문 화 간 대 화 의 시 험 장

유럽을 하나의 세계로 만드는 데 있어 문화가 아닌 경제로부터 시작한 일은 현명한 수순이었다. 만약 그들이 처음부터 문화로 시작했다면 유럽은 아마도 지금까지 서로 싸우고 있었을 것이다. 경제에 의한 시작은 지금 거의 완성 단계에 들어섰다. 이는 결국 사람들이 목숨을 걸고 지킬 준비가 되어 있는 가치인 자유와 종교, 민주주의를 위한 것이다.

유럽 각국이 서로의 문화에 대한 대화를 미룰지라도 정치에 있어서 지금은 다른 선택지가 존재하지 않는다. 유럽의 경험은 단순하다. 문화적 대화는 되도록 연기하고, 경제적, 사회적, 정치적 차원의 공통 이익을 위해 노력했다. 경제는 그 출발점에 있었다. 우리는 지금 유럽이 유로존(Eurozone)과 같은 단일 통화뿐 아니라 그 이상을 어떻게 관리하는지 잘 보고 있다. 해외영토를 위해서 이것은 신자유주의에 대한 귀중한 균형추이며, 안정과 관계적 정체성의 중요 요소다. 프랑스의 예를 들자면, 카리브 해의 안틸레스 제도와 인도양의 프랑스 해외영토에서 현재 유로화가 사용되고 있다는 사실, 그리고 가까운 미래에 남태평양의 프랑스 해외영토에서도 사용될 것이라는 사실은 프랑스와 해외영토 간의 강력한 관계뿐 아니라, 유럽과 단순 경제 논리를 초월한 또 다른 세계화의 특정 관계 모델을 표현하는 것이다. 경제는 아마도 이런 '또 다른' 세계화를 향한 과정 중의 한 단계로서 살아남겠지만, 아주 신중하게 진행되어야 한다.

경제 세계화에 의해 생겨나고 정보-소통의 세계화에 의해 강화된 불평등은 정치적이고 문화적인 도전을 불러일으키고 공존의 문제를 제기했다. 이것이 바로 유럽의 경험이 보편성의 특정 목적을 달성하려는 모두를 위해 유용할 수도 있는 이유다. 여기서 문제가 되는 것은 관계적 문화 정체성의 구성이다. 왜냐면 모든 정체성을 인정하는 유럽 통합이라 할지라도 폐쇄적 정체성에는 반대하기 때문이다. 이것은 자기 안으로 퇴각하는 것이 아니라 타자, 즉 25개 유럽 회원국을 포함한 동쪽과 남쪽의 국경 지역과의 협력을 의미한다. 유럽연합의 정신 속에서 고립주의는 그 설 자리를 잃는다. 예를 들어 언제나 타인과 자신 사이에 골을 만드는 미국의 고립주의와는 상당히 다른 그것 말이다. 유럽은 개방과 협력 관계를 지정학적으로 강요받고 있으며, 동시에 우리가 똑같은 언어로 소통하지 않는다는 사실에도 불구하고 단번에 인식할 수 있는 문화 정체성의 공존을 요구받고 있다. 유럽인들은 그들의 언어적 다양성이 성공의 확실한 열쇠라는 사실, 즉 상호 이해를 위해 노력해야 한다는 일상적인 요구를 인식하지 못하고 있다.

가장 먼저 이루어져야 할 문화적 작업은 문화 다양성을 인정하는 것이며, 또한 그것이 유럽이나 유럽 동맹에 관한 정보의 양과 어떤 직접적인 연관도 없다는 사실을 인정하는 것이다. 유럽에는 공통의 공간과 공론장, 정치 영역 사이에 일관성이 없다. 경제적 유럽은 공통의 공간을 창조했다. 기술관료적, 정치적 유럽은 단지 몇천 명의 특권층을 위한 정치 영역을 창조했다. 민주주의 유럽으로 가는 통행로는 공통의 정치적 투쟁과 연관된 논쟁을 하고 표현하는 공론장의 존재를 전제로 하지만, 우리는 아직 거기에 이르지는 못하고 있다. 그것은 언어로 인한 이유뿐 아니라 공통으로 공유된 토대의 부재 때문이기도 하다.

정치적 유럽은 문화 공존의 문제에 접근하는 데 필요한 공론장의 설치를 아주 느리게 진행하고 있다. 여론은 점점 더 중요해지고 있지만, 그 사실이 하나의 유럽 공론장 출현을 의미하는 것은 아니다. 반대로 유럽인들의 역사와 전통, 이데올로기에 연결된

15개의 공론장은 여론조사 기관이 말하는 것처럼 축소되지 않고 오히려 미래에 더욱 늘어날 것이다.

현재 유럽에서 종교와 전통, 사회, 정치적 선택의 관계 그리고 문화 공존의 문제를 결정짓는 것으로 가정되는 여론조사 기관의 번창보다 의심스러운 것도 없다. 지난 몇 년간 유럽의 기술관료들에 의해 사용되는 여론조사 결과는 사람들에게 그들이 기술관료들과 같은 위치에 있다는 환상밖에 주지 않았다. 만약 우리가 유럽 내에서 문화 공존의 인식이 부재하는 영역을 찾는다면, 그것은 여론조사 기관이 남발하는 여론이라는 것에 대한 의심의 부재 속일 것이다. 국가적 공론장에서 논의되어야 할 모든 것이 이제 여론조사의 영역으로 떨어져 버렸다. 그러나 시민들과 사건의 주역들이 여론조사 결과를 보완하거나 혹은 반대하기 위한 공통의 문화적 코드를 보유하고 있는 곳은 바로 공론장이다. 유럽 차원에서 같은 문제가 같은 방식으로 이해될 거라 믿게 만들고, 세상에 대한 비전이 똑같아질 거라 믿게 만드는 어떤 공통적 요인도 존재하지 않는다. 만약 우리가 이 여론조사라는 바로미터에 만족한다면, 우리는 첫 번째 오작동으로 폭발하게 될 가상현실을 경험하게 될 것이다. 유럽의 정치 의견에 대한 고찰은 많은 이론적인 노력을 요구하며 상상력과 상징, 편견 그리고 논쟁 등 모든 방식으로 이루어져야 할 것이다.

그렇게 하기 위해서 유럽은 문화유산과 전통뿐 아니라 근대화의 모든 역동적인 요소들을 통합하는 문화에 대한 더 넓고, 더 역동적인 비전을 가져야만 한다. 어쨌든 유럽의 이 확장된 개념은 유럽의 문화 산업체들이 유럽에 대해 인식하는 것과 구별된다.

물론 가늠하기는 힘들지만, 사실 유럽의 문화적 다양성은 문화에 대한 일반적인 모든 정의에 의해 구별된 것들을 포함한다. 그것은 점점 더 폭이 넓어지고 있는 세 가지 영역, 즉 프랑스적 의미에서 문화로 간주되는 문화유산, 영국적 개념에서 생활양식, 독일적 토대에서 문명과 사상을 말한다. 문화 다양성의 범위 속에서 이 세 가지 영역은 차용되어야 하며, 문화 다양성에 대한 '열린 시각'을 가져야 할 것이다.

유럽 관료주의의 위험들

유럽 문화 공존의 어려움은 문화 영역의 확장에서 오는 것이 아니며, 높은 수준의 수입과 교육을 받은 유럽인들이 더 이상 유럽 관료주의를 지지하지 않는다는 사실에서 온다. 한때 진보의 과정에 적지 않게 기여했던 유럽의 기술관료들은, 그러나 동시에 보수적이고 냉담한 사람들이다. 그들은 자신들에게 밀려오는 거부의 힘을 느끼지 못하고 있다. 지금 이런 주제에 대한 각 나라들 간의 소통이 없다는 이유로 그들은 다가오는 위험을 보지 못하고 있다. 그러나 곧 시작될 반(反)기술관료적 저항에 대비해야 할 것이다. 기술관료들은 유럽인들을 각각 농부들, 어부들, 제철업자들로 다루고 있지만, 그들의 총합으로서는 다루지 못하고 있다. 이런 이유로 그들이 비록 소통과 상호작용, 연결망 그리고 전자 투표 등과 같은 진보된 시스템을 도입한다 할지라도, 유럽인들은 유럽연합에 더 동의하지는 않을 것이다. 유럽의 정치인들은 정치적 소통의 가장 중요한 수단임에도 불구하고 가장 낡아 빠진 정치 모델에 머물러 있다.

기술관료주의자들의 이런 태도는 세 가지 단계로, 즉 먼저 반관료주의자들의 운동에 의해, 다음은 포퓰리즘의 재(再)부상에 의해, 마지막으로 현실적으로 지금까지는 전혀 존재하지 않았던 반(反)유럽 운동에 의해 비판될 수 있다.

회색 양복과 고급 승용차, 아울러 모든 문제를 해결할 능력이 있다고 뽐내는 듯한 거만함이 바로 '기술관료 스타일'이다. 이런 기술관료 스타일이 국가 행정에서 받아들여지고 있는 이유는 그러한 스타일을 상대적으로 가치 평가할 다른 사회적, 문화적 코드가 없기 때문이다. 현재 유럽에는 이런 스타일에 대한 어떤 거리 두기가 없는 상태이며, 오히려 유일한 공통의 문화가 되어 버렸다. 이런 스타일이 어떻게 오랫동안 아무 이의 제기 없이 지속될 것이라 생각하는가? 유럽 정치에는 전혀 통합되지 않은 이런 기술관료 스타일은 문화 다양성 문제의 거대함과 어려움, 점증하는 불통의 위험들을 결코 해결할 수 없을 것이다.

점점 확대되는 정보의 세계화는 이런 스타일에 대한 거부 또한 강화한다. IMF에서 세계은행, G8과 브뤼셀 등은 모두 똑같은 스타일을 유지하며, 어느 것도 해결되지 않는 상황에도 불구하고 모든 것이 통제되고 있다고 믿게 만드는 똑같은 수단을 가지고 있다. 중산층의 강력한 부상은 지난 30여 년 동안 더 날카로운 비판 정신으로 나타났다. 우리는 정부나 국가, 유럽 차원에서 그들이 얼마나 자주 판단 실수를 하는지 목격해 왔다. 도대체 그들의 자신감은 어디서 오는 것인가? 그들은 역사를 통해 배우지 못할 뿐 아니라 토대 밖에 있는 모든 것들을 너무도 쉽게 배제해 버린다. 그러나 보통선거에 의한 유럽 민주주의로 통하는 길에서 이제 어느 누구도 역사의 의미에 대한 배타적 우선권을 차지하지 못한다. 역설적인 것은 바로 이들이 유럽적 통합을 위한 전투원이라는 사실이며, 불행하게도 현재의 유럽은 국가적 엘리트들과 그들을 구분 짓는 스타일을 발견하지 못하고 있다는 것이다.

포 퓰 리 즘 의   유 혹

현재 유럽에서 막강하고 독단적인 권력 위에 군림하는 브뤼셀의 관리자들에 대한 의혹과 불신은 점점 증가하고 있다. 이것은 놀라운 일이 아니다. 또한 유럽의 많은 나라들에서 나타나는 극우적 포퓰리즘—비록 극소수의 극좌적 포퓰리즘도 존재하지만—도 역시 놀라운 일이 아니다.

포퓰리즘은 유럽의 맹점이다. 15개국 중 11개 나라에서 포퓰리즘 정당과 운동이 활동하고 있으며, 그들은 강력한 정치력과 대표성을 가지고 있다. 그러나 포퓰리즘은 좌우 개념을 뒤죽박죽으로 만든다는 이유에서 아직 상식 밖의 존재로 남아 있다. 유럽은 파시즘에 대항해 본 경험은 가지고 있으나, 포퓰리즘에 대한 숙고는 매우 약하다. 그리고 이것이 실제로 포퓰리즘과 극우파 간의 영합을 강화하기도 한다.

우리는 높은 수준의 정치와 문화를 가진 나라에서 발생하는 포퓰리즘을 무시하거나 배제하지 말아야 한다. 포퓰리즘은 아주 다른 역사적, 정치적 전후 관계 속에서 발생했다. 예를 들면 19세기 말 프랑스의 보나파르트주의자들과 최근에 라틴아메리카와 중동에 번진 '좌파' 포퓰리즘 운동까지, 모든 방식으로 떠오른다. 그들을 하나의 단순 논리로 묶어 버릴 수 없다. 그들은 다양한 형태를 가지고 정당한 제도를 주장한다. 모든 것이 아무 이유 없이 솟아난 것이 아니다. 그들은 복잡하고 강력한 정치 모델을 가지고 있다. 우리가 갖고 있는 선입견과는 거리가 멀다.

포퓰리즘를 배제하는 것은 그들을 선택한 시민들을 마치 정치적 선택에 있어 통찰력이 없는 것처럼, 그들이 나쁜 생각을 갖고 있는 것처럼 여기는 것이나 마찬가지라는 점에서 정당하지 못하다. 왜 우리는 좌파와 우파의 전통적인 유권자보다 포퓰리즘 유권자가 덜 성숙하고, 더 반동적이며, 더 조종당하기 쉽다고 생각하는가? 포퓰리즘에 대한 성찰 부재는 유럽 자신에 대한, 또한 뜻밖의 정치적 혼란을 이해하기 위한 문화적 논거의 중요성에 대한 성찰 부재를 증명한다.

우리는 의미의 중합을 피해야 한다. 포퓰리즘은 극우파나 민족주의, 심지어 폐쇄적 문화 정체성과 동의어가 아니다. 비록 포퓰리즘이 이들 모든 요소들을 얼마간은 가지고 있다고 하더라도 과대 해석할 필요는 없다. 그것은 문화적, 국가적 정체성이 충분히 인정되지 않는다는 사실에 대한 반작용이기 때문이다. 오늘날 유럽에서는 국가의 초월과 경제 세계화, 기술관료주의, 반(反)정체성 사고의 승리만이 문제가 될 뿐이다. 포퓰리즘이 비록 종종 국가에 대한 적대적이고, 반(反)엘리트적인 것은 사실이나 문화나 국가 정체성을 확립하려는 하나의 형식이기도 하다. 그러나 이것은 또한 정체적 요구와 주장의 해결책을 민족 안에서 찾으려는 시도를 회피하기 위해 다른 경제적, 사회적 가치를 통합하기도 한다.

유고슬라비아 전쟁은 인종에 기반을 둔 정체성의 막다른 길을 아주 강렬히 보여 주었다. 포퓰리즘은 단순한 인종적 배제를 뜻하는 것이 아니다. 왜냐면 그것은 분열된 모든 것들을 통해 사회적, 문화적 집단의 통합을 목표로 삼기 때문이다. 특히 배제가 아닌 유사성에서 그렇다. 유럽에서 포퓰리즘은 계몽된 공동체주의에서 적응된 보편주의로 향하는 다양한 국가적 정치 모델과 정체성, 통합에 대한 문제를 자신들만의 방식으로 제기한다.

또 다른 잘못된 사고는 포퓰리즘이 자신들의 토대를 상실한 흔들리는 서민 대중에 직접적으로 연결되어 있다고 믿는 것이다. 이것은 특히 윗사람들의 소위 정당성 있는 논의와 근대화의 협박을 더 이상 참지 못하는 서민 대중의 거부를 불러일으킨다. 우리는 오늘날 중산층이 맡을 수 있는 역할에 대해 좀 더 주목해야 한다. 이들 중간 계층의 부상은 20세기의 가장 커다란 진보라 할 수 있다. 그것은 경제적, 사회적 영역에서뿐만 아니라 지식과 문화적 수준에서도 확인할 수 있다. 중산층은 문화 다양성의 문제에 도달하기 위한 문화적 수단과 감성을 가지고 있는 사람들이다. 유럽이야말로 이런 중산층이 가장 많고, 가장 확실하게 자리 잡고 있는 지역이다. 다시 말해 중산층은 대중 민주주의의 상징이라 할 수 있다. 정치의 역사에서 민주주의 확장보다는 자기 이익에 더 민감한 엘리트층의 공통점에도 불구하고 대중 민주주의는 거대한 진보의 하나다. 중산층은 문화 공존을 방해하는 포퓰리즘을 예방하는 대체 수단으로서 그 가치가 평가되어야 할 것이다.

포퓰리즘은 기술관료주의에 대한 반작용이자 정치 정체성과 문화 정체성의 중요성을 표현하는 수단이다. 국가에 따라 정도의 차이는 있지만, 체코 4퍼센트, 프랑스와 네덜란드 15퍼센트, 슬로바키아와 오스트리아 27퍼센트, 루마니아 28퍼센트 등 많은 국가에서 동시다발적으로 분출하고 있다. 포퓰리즘은 정당이 지도자에 의해 개인화되는 현상과 정치적 영역과 문화적 영역의 혼합, 언어적 급진주의, 엘리트 계급에 대한 거부, 국민 선동, 세상에 대한 이분법적 비전, 이민자 증오, 조세 제도 거부, 정부에 대한 불신임 등의 공통점을 가지고 있다

모든 경우에 있어 포퓰리즘은 전통적 정치 논의에 비해 퇴보한 형태를 나타내기 때문에 언제나 극도의 주의를 기울여 관찰해야 한다. 포퓰리즘 유권자들은 종종 정치의 장에서 가장 전통적인 영역에 대한 일탈의 첫 번째 행보로 묘사되며, 아울러 그 선이 일단 돌파되면 그 이후에는 어떤 것도 그들을 멈추게 할 수 없을 것이다. 포퓰리즘은 가장 어려운 것, 즉 관습과 법적 질서를 무너뜨리려고 시도하고 있으며 이런 대립은 점증적으로 확대될 것이다. 처음에는 기술관료주의에 대한 반작용으로 시작하지만 시간이 흐를수록 근대화 이데올로기에 대한 대립으로, 마침내 유럽의 신자유주의가 자본주의의 새로운 버전에 불과하다고 비난받는 동안 반(反)유럽연합 또는 반(反)세계화운동으로 확대될 것이다. 한 가지 확실한 것은 포퓰리즘이 독특하고 강력한 흐름이라는 것이다. 그것을 제거하려는 생각은 헛수고에 불과하다.

왜냐면 그것은 이념이 없는 세계화에 대한 반작용이기 때문이다. 진보적 엘리트들은 포퓰리즘을 악한 것으로, 근대화주의자들은 그것을 구식 정치로 치부한다. 하지만 그러한 평가는 어떤 해결책도 제공하지 못한다. 포퓰리즘은 유럽이 처한 실질적인 정치 도전이며, 가장 경계해야 할 일은 그것을 가볍게 여기는 것이다. 비록 현재에도 유럽연합에 대한 소극적인 반대는 존재하지만 포퓰리즘은 이전에는 전혀 존재하지 않던 반유럽연합의 공격적인 배아실이 될 수도 있다.

유럽의 역사적 관계

우리는 프랑스에서 확인한 것들을 오늘날 유럽에서 발견하고 있다. 과거 강력한 제국주의 국가들인 영국과 포르투갈, 스페인 같은 나라에서 찾을 수 있는 해외영토에 대한 정치의 부재다. 만약 유럽이 자신의 제국주의 관계로부터 긍정적인 유산을 도출해낸다면, 그것은 유럽이 문화 공존에 접근하기 위한 우회적인 방법들을 제공할 것이다. 3세기에 걸친 유럽의 지배 이후 현재 자치적이거나 독립한 해외영토 국가들에 대한 가치 평가 속에서 역사의 귀환이 이루어질 수 있다.

실제로 유럽의 해외영토는 다음의 세 가지 지역 연합, 즉 초

주변지역연합(RUP), 해외영토와 국가연합(PTOM), 아시아·카리브해·태평양 국가연합(ACP)에 총망라된다. 프랑스령 4개 해외 자치주(DOM, Département d'outre-mer)인 마르티니크, 과들루프, 기아나, 레위니옹과 포르투갈령 아소르스와 마데이라 제도, 그리고 스페인령 카나리아 제도로 구성된 총 인구 2백만의 초주변지역연합(RUP), 영국 11개, 프랑스 6개, 네덜란드 2개, 덴마크 1개 등 총 20개가 모여 역시 2백만의 인구를 가진 해외영토와 국가연합(PTOM), 마지막으로 과거 유럽 제국주의의 식민지였던 아시아·카리브해·태평양 국가연합(ACP)이 그것이다. 이 영토들은 암스테르담 조약 292조 2항에 따라 경제적, 재정적 계획에 있어 유럽의 국가들(주로 식민지 모국)과 특권적인 관계를 구축하는 구조적 토대와 특정 프로그램(예를 들어 포세이돈, 포세이마) 등에 합의하기에 이르렀다. 게다가 유럽의 힘과 넓게 분산된 해외영토 공동체들 사이의 분절은 문화 공존에 우호적인 또 다른 논쟁이다. 이런 공동체들의 이해관계는 단지 경제적 요구뿐 아니라 문화적인 것이다. 그들은 미래를 위해 결코 무시해서는 안 될 현실을 나타내며, 문화 다양성에 관한 무시해도 될 만큼 작은 문화 정체성은 존재하지 않는다는 것을 의미한다. 전 세계에 산재한 50여 개의 해외영토 공동체는 과거 유럽 제국주의의 나쁜 유산이기도 하지만, 이제 각국 정부에 문화 공존의 모델을 제공하는 좋은 기회가 되고 있다는 의미에서 놀랄 만한 역사의 귀환이다.

이런 문제 제기는 사회적, 문화적 문제와 단순 경제 논리가 균형 잡힌 상태가 되기 위하여 다른 거대 경제 블록, 즉 아세안(ASEAN), 나프타(NAFTA), 메르코수르(Mercosur, 남미공동시장), 미주자유무역지대(FTAA) 등에 확산되어야 할 것이다.

이와 같은 역사의 귀환은 해외영토들의 정당성을 입증하며, 모든 문화 정체성이 존중받는 것을 의미한다. 또한 문화 공존이 이루어지는 또 다른 세계화의 구성에 꼭 필요한 평등, 혹은 불평등의 최소화를 의미하기도 한다. 그러기 위해서 유럽은 그들이 세계에 기여한 세 가지의 근원으로 다시 돌아갈 필요가 있다. 그것은 전술한 것과 같이 위상을 갖춘 해외영토와 영어권, 불어권 등 다양한 문화적 영역, 유럽연합과 같은 거대한 지역적 협약이다. 비록 꿈같은 이야기지만, 이와 같은 세 단계의 협력은 아주 야심적인 기획임이 틀림없다. 그러나 우리가 이런 기획을 브뤼셀에 제의한다 하더라도 그곳 책임자들은 대부분 이를 부차적인 문제쯤으로 여길 것이다. 즉, 해외영토가 문화적 개방의 상징적 수단이자 검증된 지역임에도 불구하고, 그들에 관한 정치를 다급하지 않은 문제로 취급할 것이다. 우리는 여기서 탈식민지화와 거만한 기술관료, 문화적 개방의 부재 등과 관련된 잘못된 인식을 보게 된다. 모든 것은 명확하다. 유럽은 모든 주변과 초주변지역의 중심이다. 그리고 자신이 중심이라고 생각하는 사람들은 언제나 가장 거만하다.

이제 양적인 논리는 질적인 논리에 자리를 내주어야 한다. 만약 유럽이 해외영토와 맺는 자신들의 관계를 재평가하지 않는다면 그것은 역사가 어떤 타당성도 없다거나, 지역적 정체성은 국제적 공동체에 비해 어떤 의미도 없으며, 국제기구적, 경제적, 문화적 다양성은 용인되지 않는다고 말하는 것과 같다.

유럽과 해외영토와의 관계 발전은 두 가지 이점이 있다. 첫째, 해외영토가 유럽에 대한 개방을 포기하고 지리적 기원에 바탕을 둔 자신들만의 고립된 작은 관계에 머무는 것을 방지할 것이다. 그리고 둘째, 유럽이 세계 역사에 빚지고 있는 부채를 인식함으로써 보편주의적인 인본주의적인 메시지를 그들에게 보낼 수 있을 것이다.

서 구 주 의 와 보 편 주 의

두 차례의 야만적인 세계대전 이후, 1950년대 유엔의 창설은 보편주의 출현의 가장 위대한 순간이었다. 인류는 1930년과 1945년 사이에 만연한 악의 세계화에 맞서 서구적 가치의 정점인 인본적 사상을 증진시켜야만 했다. 우리는 모든 인류가 주역인 동시에 증인이었던 폭력의 고통과 마비로부터 인류를 재(再)인간화하기 위한 결정적 수단이었던 1948년의 세계인권선언이 어떻게 작성되었는지 충분히 알지 못한다.

가치의 결핍과는 거리가 멀었던 서구는 세계인권선언이 말하는 가치들과는 어떤 관계도 없는 경제적, 군사적, 외교적, 정치적 필요를 정당화함으로써 종종 비난을 받아야 했다. 이런 기만은 단지 식민지에만 적용되지 않는다. 그것은 일정 자본과 기술 수준에 대항할 수단이 없었던 모든 사람들과 관련되어 있다. 자본주의는 공산주의의 폭력성으로 인해 어느 정도 면죄부를 받을 수 있었지만, 이것이 자본주의가 무시한 인권과 그들이 저지른 배신을 지워 주지는 않는다.

충돌과 문화, 이데올로기, 경제 이익, 종교 원리주의, 군사 전략 등 확장된 주제는 의심스러운 수단과 함께 서구 사회의 결핍을 더 빨리 드러냈고 거기에 정보의 세계화라는 충격이 더해졌다. 그리고 후진국들은 자신들 또한 그러한 가치에 충실하지 못함에도 불구하고, 서구 사회의 사상적 혼란으로부터 보편주의적인 서구 동맹을 논박하기 위한 구실을 재빠르게 찾아냈다.

많은 사람들이 보편주의(Universalisme)를 서구주의(Occidentalisme)와 동의어로 생각한다. 이는 곧 서구의 이익만을 대변하는 것이다. 그러나 보편주의를 서구주의로 축소하려는 시도는 독재 정권과 테러리스트 혹은 근본주의자들이 보편주의의 가치를 무효화하기 위해 서구의 혼란을 이용하는 것만큼 유해한 것이다. 이것은 역사적 상대주의가 최상위 규범의 모든 토대를 논박하는 수단으로 강요되기 때문이다. 서구가 직면하고 있는 문제는 불가결한 역사적 상대주의를 초월하여 보편주의적 특정 원리를 보존하는 것이다.

서구는 무엇보다 문화상대주의를 견지해야 한다. 그리고 스스로가 유일한 보편적 가치임을 자처하는 것을 멈추고 실수와 실패를 책임져야 한다. 서구가 보편주의의 유일한 대변인이 아닌 만큼 보편적 가치의 중요성을 인식해야 한다. 이처럼 이익에 지배되는 목적을 초월해 가치들의 토대를 보존하는 태도는 세계화와 공존하는 유럽의 구성에 있어서도 꼭 필요하다. 우리는 세계화와 유럽의 구성이 경제 영역으로부터 시작했지만 종국에는 문화와 가치의 영역으로 옮겨 가는 것이 필수적이라는 사실을 알고 있다. 가치도 규제도 없는 세계화는 전쟁의 시작일 뿐이다.

문화 공존의 관점에서 유럽과 서구주의 그리고 보편주의는 올바른 관계를 확립하기 위해 서로가 적당한 거리를 유지해야 한다. 이 적당한 거리의 문제란, 곧 서로를 감당할 수 있는 거리에서 타자를 보는 것이며 결국에는 문화 공존의 문제다. 그러나 거리에 대한 이 필수적인 문제는 공론장의 부족으로 논의하기가 쉽지 않다. 보편주의와 서구주의 논쟁은 모든 영역에서 이루어져야 하며, 특히 국가적 공론장에서 이루어져야 한다. 그곳이 바로 모든 것의 출발점이기 때문이다. 아울러 이 문제가 공적인 의견들 사이에 뿌리내리고 진정한 문제로 인식되도록 노력해야 한다.

특히 유럽 의장과 세계주의자들이 그것을 독점하게 해서는 안 될 것이다. 엘리트들의 편견과는 달리 대중은 거대한 문제에 관해 토론하기를 좋아한다. 지난 반세기 동안 대중민주주의는 과거 엘리트 중심의 민주주의에 비해 거대 담론을 회피하지 않았다는 것이 바로 그 증거다.

서구주의와 보편주의의 관계에 관한 논의에서 유럽은 미국에 비해 한발 앞서 있다. 이 문제는 유럽의 국가들이 아주 오랜 세월 동안 문화적 충돌을 통해 경험한 것이기 때문이다. 지난 두 차례의 세계대전 이후 50여 년 동안 그들 스스로 문화적 지배란 있을 수 없다는 것을 몸소 이해했다. 때문에 유럽인들은 그들 사이의 문화적 지배보다는 공존이 근본적인 정치 목적이 되어야 한다는 것을 인식하고 있다.

하지만 미국의 경우는 상황이 다르다. 미국에서는 이민자들 간의 다양한 문화적 차이에도 불구하고 미국 시민이 되기 위해 그들의 문화적 뿌리를 자르도록 강요했다. 그리고 그 사회에 용합되게 했다. 미국이 자랑하는 '문화 용광로'는 그들의 노력에도 불구하고 '공존'의 전통이 존재하지 않는다. 미국으로 건너온 흑인과 멕시코 농부, 그리고 비(非)유럽인 집단은 사회로부터 배제되었다. 유럽계 후손들인 미국의 주류 사회는 문화적 이타성에 대해 생각하는 데 어려움을 겪는다. 그들은 미국 문화가 세계 제일이라고 믿는데, 그것은 그들의 문화와 가치에 대한 집착과 생활양식의 미국화를 혼동하기 때문이다. 이런 이유로 그들은 오래된 문화의 반발 위험들과 문화 공존의 문제에 평등한 방식으로 접근하는 것이 완전히 차단된 사람들의 귀환을 과소평가하고 있다.

유럽의 경험은 문화 공존의 문제가 세계적 차원으로 부상할 때 미국에 적절한 도움이 될 것이다. 미국인들은 다문화 사회에 살고 있음에도 또 다른 세계화를 받아들이는 데 많은 어려움을 겪고 있다. 이들은 세 가지 이유에서 문화적 문제들에 대면하는 것을 불편해한다.

첫째, 그들은 자신들이 최강의 지배력을 갖고 있기 때문에 문화 또한 지배할 수 있을 것이라 생각한다. 하지만 이것은 틀린 생각이다. 둘째, 그들은 역사적으로 문화가 자신들의 나라에서 나온 것이라 생각한다. 셋째, 미국의 문화 상품들이 다른 문화들을 제거하고 망각하게 만든다고 생각하기 때문이다.

유럽은 미국에게 문화 산업의 개념을 초월한 문화에 대한 모든 개념 확장과 공존에 있어 도움을 줄 수 있다. 또한 문화 공존이 사회적 행위이자 정치적 요구라는 것을 보여 줄 수도 있다. 유럽은 미국과 다른 국가들을 위해 자신들의 역사와 문화에 대한 모든 문제 제기, 그에 대한 숙고를 통해 도울 수 있을 것이다. 문화유산과 생활양식 사이, 산업과 정치적 논쟁 사이, 정체성과 기획 사이의 모든 관계에 대한 논의에도 도움을 줄 수 있을 것이다. 또한 폐쇄적 정체성과 관계적 정체성, 정치와 경제 사이에서 머뭇거리며 떠오르는 이 문화적 문제 제기는 포퓰리즘과 민족주의 그리고 경제 논리의 도구화로 인한 표류 또한 설명할 수 있다. 모두에게 왜 그리고 어떻게, 또한 어떤 조건에서 문화 공존이 또 다른 세계화의 기초가 될 수 있는지를 보여 줄 것이다.

+ 제안들: 네 가지 선결 과제

유럽은 21세기 세계적 차원의 문화 공존 연구 작업에서 선두에 서 있다. 비록 현재는 15개국에서 23개국 그리고 25개국으로 회원국이 증가함으로써 조직 구성의 어려움에 곤혹을 겪고 있다 할지라도, 이것은 오랜 역사와 수많은 문화 다양성이라는 특권을 가지고 있는 유럽인들에게 전에 없이 좋은 기회다. 처음으로 유럽인들은 모든 것이 실재적이고, 모든 곳에 타자들이 상존하며, 정보에 의해 개방된 세상 속에서 공존을 실험하는 학습장으로서의 유럽을 만나게 될 것이다. 그리고 가까운 미래에 똑같은 기회가 중동, 아시아 그리고 라틴아메리카에도 찾아올 것이다.

유럽은 21세기에 공존 문제에 대한 세계적인 경험을 가진 유일한 곳이며, 서로를 파괴하지 않는 공존이라는 21세기적 중심 과제에 접근한 최초의 공동체다. 유럽은 갈등을 유발하는 세계화가 아니라 공존을 바탕으로 하는 또 다른 세계화의 문을 열고 있다.

물론 세계적 차원에서 성공했다 하더라도, 문화 공존이 평화를 위한 충분조건은 아니다. 그러나 문화 공존 없이 평화는 결코 가능하지 않다는 것을 우리는 잘 알고 있다. 유럽은 정치적 민주주의와 문화 다원주의를 결코 분리하지 않았다. 민주주의 원칙과 문화 공존을 동시에 존중하는 유럽은 오늘날 정체성에 대한 요구가 강한 다른 모든 국가에 민주주의의 전통 틀에서 평화적으로 다루어질 해결책을 제공할 수 있다.

유럽은 특히 작은 규모의 문화 정체성에 생기를 불어넣을 수 있다. 그것은 유럽 자체가 작고 다양한 문화들의 모자이크이기 때문이며, 정치적 통합은 이런 다양성의 바탕 위에서만 존재할 수 있기 때문이다. 유럽은 비록 이것이 오랜 세월을 요하는 일이라 할지라도, 큰 문화와 작은 문화 사이의 위계질서를 깨뜨리며 나머지 세상에 문화 공존 기획이 전혀 불가능한 것이 아니라는 사실을 증명할 것이다.

물론 이것은 쉬운 일이 아니다. 10여 년 전 유고슬라비아 전쟁을 기억해 보자. 그 전쟁은 우리가 사라졌다고 믿었던 '상호 침투되어 뒤섞인 작은 정체성'들의 불멸성을 공표하는 사건이었다. 유고슬라비아는 유럽의 축소판이었는데, 문화적, 언어적 차이와 여러 종교 정체성 등 모든 것이 그 속에서는 갈등의 요소였다. 이 사실을 잊음으로써 유럽은 아주 비싼 비용을 지불해야 했다. 그것은 유럽 자신이 문화 다양성들 간의 충돌을 조정할 수 없다는 것을 인정할 만큼 큰 사건이었다.

만약 작은 문화 정체성이 존재하지 않는다면 종교의 독점 또한 더 이상 존재하지 않는다. 유럽의 종교 다양성은 가톨릭, 개신교, 동방정교, 유대교, 이슬람 등 매우 다양하다. 나라와 특정 시기에 따라 이런 종교들은 각기 다양한 역할을 담당했다. 그리고 비록 종교들이 전쟁의 주요 원인이었다 할지라도, 그것은 사회적, 문화적 결합의 요인이었다. 그들의 메시지는 종교가 유지할 수 있는 통합의 형태로서 매우 귀중한 것이다.

사실 문화 유럽의 구성은 동시적이고 모순적인 두 가지 행동을 시도하는 것이다. 하나는 단발적인 공통의 정치적 기획이 아닌, 공통적인 문화 요소를 더 높게 가치 평가하는 것이다. 다른 하나는 문화적 차이의 요소를 인정하고 가치 평가하는 것이다. 이 두 가지 행동 중 결정적인 시점에서 더 근본적인 조건이 되는 것은 물론 두 번째 측면이다.

유럽은 세 가지 세계화, 즉 정치적, 경제적, 문화적 세계화의 교두보를 확보했다. 게다가 유럽은 동과 서, 남과 북의 교차로에 존재하고 있다. 이것은 거대한 시험이며 도전이고 동시에 기회이다. 또한 지난 반세기 이후 유럽이 역사의 장에서 쇠락 중이며, 더 이상 특권적인 역할을 하지 못할 것이라고 주장했던 사람들에 대한 통렬한 반박이다.

유럽은 네 가지 조건에서 결정적으로 그렇게 될 수 있다. 탈식민주의 역사를 인식하며, 테러리즘과 이민, 매춘 등 세 영역에 걸쳐 부상하고 있는 국제적 분파에 맞서 싸워야 한다. 또 문화 공존의 문제 제기와 관련해서, 그들의 눈에 띄는 거만함에도 불구하고 상대적으로 그 위상이 점점 줄어들고 있는 미국에 맞서야 하며, 마지막으로 정치나 경제 못지않게 중요한 문화 공존의 모델을 가치 평가해야 한다.

1) 과거로부터 배우자

이를 위해서 유럽은 먼저 과거에 그들에 의해 식민지가 된 많은 나라들에 대한 죄의식을 씻어야 한다. 과거의 잘못은 분명하게 인식해야 하지만, 단순한 부채 의식과 회개, 보상 논리로는 안 된다. 유감스럽게도 유럽은 범죄와 착취가 만연한 식민화 과정의 핵심에 있었다. 그러나 폭력의 역사는 제국주의가 시작되기 전인 15세기 이전 다른 문명에도 존재했으며, 다른 형태의 야만과 지배 또한 모든 곳에 존재했다.

프랑스와 영국, 네덜란드, 스페인 등 유럽 국가들이 탈식민화 조건에 대해 침묵하는 것은 아직 유럽이 그만큼 많은 것을 숨기고 있다는 것을 의미한다. 우리가 과거 식민지에 대한 프랑스의 생각을 분석했던 것은 과거의 강력한 제국주의 국가 모두에 적용될 수 있다. 탈식민화와 그것의 대차대조표에 대한 귀머거리가 된 듯한 침묵은 그 불편함이 아직 매우 깊다는 것을 의미한다. 또한 이런 과거 역사를 차분하게 재검토할 능력 부재는 그들 역사에서 중요한 부분이었던 과거 식민지의 역사를 박탈하는 것이다. 확실히 유럽은 새로운 관계에서 실질적인 이익을 뽑아내기 위해 이런 죄의식을 사용했으며, 그것은 종종 신제국주의적인 특성을 띠고 있다. 그러나 이것은, 즉각적인 이익의 차원을 넘어, 이런 대화와 논의의 부재가 과거 식민지와 식민 모국 모두에게 해롭다는 사실을 이해하지 못하는 태도다.

탈식민화 논리에서 벗어나는 것은 기억에서 역사로 전환하며, '죄의식-보상'이라는 이중 관념에서 벗어나고, 17세기와 19세기 사이의 첫 번째 세계화의 역사를 재분석하는 것이다. 그리고 남북 사이의 새로운 관계에 이르는 방식을 구성하는 것이다. 이것은 대결에서 대화로, 결국에는 협력에 이르는 방법으로, 문화 공존의 논리로 들어서는 것을 의미한다.

이것은 또한 유럽의 해외영토를 재평가하는 것이다. 브뤼셀은 이런 정책을 우선순위에 놓아야 함에도 불구하고 이를 부차적인 요소로 취급한다. 경제적으로 작은 나라들도 문화적으로 거대한 담론을 제기할 수 있다. 그리고 특히 우리는 식민화 모델이 그것을 강요한 각 나라, 즉 영국, 프랑스, 스페인, 독일, 포르투갈, 벨기에, 이탈리아 등에 따라 매우 달랐다는 것을 이제야 깨닫고 있다. 이런 모든 차이점들은 분석되고, 재인식되어야 한다. 왜냐면 그것이 진정한 대화의 전제조건이기 때문이다. 식민지화 과정을 강요한 나라들 사이의 차이점과 공통점은 무엇인가? 또한 공통점은 지정학적 근접성에 기인한 것인가, 아니면 그들 사이의 역사적 관계에 기인한 것인가? 두 경우에 존재하는 고정관념은 무엇인가? 식민지와 모국 사이의, 신부와 상인 사이의, 군인과 외교관 사이의 사회적 관계 형태는 무엇인가? 다양한 종교는 이 경우 어떤 역할을 담당했는가? 문화 공존과 함께 식민지화는 이제 역사에서 새로운 자리를 차지해야 하며, 특히 정치적, 이데올로기적 방식으로 취급되어야 한다.

똑같은 이유에서 우리는 유럽을 향한 다양한 나라로부터의 이민과 인구 이동의 역사를 재인식해야 한다. 역사가 우리에게 가르쳐 주었듯이, 유럽은 인종적으로 결코 순종이 아니다. 유럽은 항시 매우 다양하고 중요한 이민들을 받아들였으며, 더불어 영속적인 동화의 한 과정으로서 인구를 수입하고 수출했다. 물론 이런 인구 이동을 양적, 질적으로 동시에 평가하고, 이민의 다양한 위상과 귀화 모델을 비교했어야 했다. 유럽 내에서 국가 차원의 역사를 초월한 전체적인 역사의 개념을 확장했어야 했을 뿐 아니라 그것들을 해외영토에도 개방했어야 했다. 왜냐면 유럽은 언제나 세상의 다른 부분과 관계를 맺고 있었기 때문이다. 유럽의 정체성은 다른 문화를 차용함으로써 만들어졌다. 우리는 예술이나 음식 분야에서 그것을 확인할 수 있다. 하지만 교역 원칙이나 스타일, 음악, 문학, 과학, 건축 등에서는 아직 잘 모르고 있다. 고고학 유물에서 알 수 있듯이 사실 그것은 강탈이었지만, 차용품을 적시한 긴 목록은 유럽이 나머지 세상에 빚을 지고 있다는 사실을 알려 준다.

만약 우리가 문화적 다양성의 거대함으로 인해 유럽 정체성의 윤곽을 그리는 데 어려움을 겪는다면, 유럽이 자신들의 뛰어난 문화적 창조 능력을 보존하며 어떻게 다른 문화와 문명에 자양분을 공급했는지를 인식함으로써 충분한 위안을 얻게 될 것이다. 이것은 문명들 사이의 협상이 21세기의 전유물이 아님을 의미하며, 지식과 상호적 풍요로움 등 얼마든지 선례를 찾을 수 있는 문제다.

달리 말하면, 역사와 지식에 의한 접근은 결코 무용한 것이 아니다. 가까운 미래에 세계화의 틀 속에서 유럽과 멀리 떨어진 다른 모든 공동체와의 관계는 하나의 기회가 될 것이다. 왜냐면 그것이 세계화의 불안정한 힘에 대항할 안전판 역할을 할 것이며 경제적, 과학적, 문화적 관계의 요인이 될 것이기 때문이다.

2) 미국으로부터 벗어나자

유럽은 미국의 문화 모델보다 한층 구별되어야 한다. 유럽은 왜 근대화주의자에 의해 시작된 논란 많은 미국 모델을 추종하려 하는가? 유럽은 아무런 의미도 없는 '정보 사회'의 테마를 무

조건적으로 취하지 말았어야 했다. 대신에 유럽인들은 정보의 단순한 문제 제기보다는 문화의 중요성을 강조하며, 이런 표현에 동기를 부여하고, 그것에 깊이를 제공하는 데 전력했어야 했다. 그리고 연결망들의 기술주의를 초월하는 민주적, 정치적 기획을 가치 평가했어야 했다. 그러면 언젠가는 정보의 중립성은 존재하지 않는다는 사실과 문화적 문제는 언제나 문화적 모델에 연결되어 있다는 사실, 그리고 그것은 상호 접속된 컴퓨터의 숫자에 국한되는 것이 아니라는 사실을 이해했을 것이다. 우리는 정보의 기술적인 정의인 기술 이데올로기로부터 약간의 거리를 두면, 비록 컴퓨터 같은 정보 통신 시스템은 빈약하지만 문화적 수단은 충만한 많은 나라들을 발견할 수 있을 것이다.

선택은 정보 시스템의 세계화와 문화 공존 사이에 놓여 있는 것이 아니다. 두 가지 모두 선택해야 한다. 문화 공존의 구성 의무와 함께 우리는 연결망의 기술적 혁신에 상대적 가치만을 부여해야 한다. 2001년 9월 11일의 비극적인 사건은 우리에게 기술과 문화적 요인은 별개의 문제라는 교훈을 뼈아프게 깨닫게 해 주었다. 비록 우리가 최첨단 기술들을 철저히 통제할 수 있다 할지라도 미국과 세계 나머지 국가들 사이의 문화적, 정치적, 이데올로기적 결별의 원인을 인식하지 못한다면 무슨 일이 일어날지 아무도 모른다. 문화 정체성-소통-정치의 거대한 삼각관계 속에서 유럽인들은 미국에 비해 다른 역할 논리를 가지고 있다. 그것은 연결망 논리, 즉 경제 논리가 아닌 서로 얼굴을 맞대고 이야기를 나누는 문화적 논리다. 미국이 문화 공존에 대해 진지하게 숙고할 수 있도록 힘쓰는 것은 미국의 동맹국들에게 큰 도움이 된다. 이전에도 언급했듯이 미국은 문화 공존에 대한 사고에 여전히 불편해하고 있기 때문이다. 미국이 전 세계적 차원의 문화 공존에 대해 사고하는 것은 그들이 자신들의 역사에 대한 고정관념으로부터 벗어나는 것을 도와줄 것이다. 그러므로 문화 공존이라는 거대한 문제에 맞서기 위해 두 대륙은 서로에게 꼭 필요한 존재이다.

그런데 이런 만남이 이미 이루어지고 있는 곳이 있다. 비록 그 자리가 문화 공존에 대해 이야기하기에 매우 중립적인 곳은 아니지만 말이다. 그곳은 바로 세계무역기구의 국제적 협상 테이블이다. 20여 년 전 세계무역기구 내의 GATT 협상에 의해 시작된 매우 중요하고 오래된 협상인데, 오늘날 그 중요성이 너무 저평가되어 있다. 그러나 이것은 미래의 핵심 문제가 될 문화 공존을 굳건하게 다지기 위한 중요한 부분이다.

만약 미국이 생각하는 것처럼 문화에 대한 개념이 다른 경제적 활동과 하등 다를 것이 없다는 생각을 강요하고, 또 이런 생각이 승리한다면 그것은 문화 다양성 개념의 종말을 의미한다. 세계적 차원에서 자본주의 논리와 경제적 집중은 문화 다양성의 관점에서 곧 재앙이다. 그리고 그것은 전쟁의 직접적인 요인이 될

것이다. 마치 세계에서 가장 큰 공해를 배출하는 업체에게 생태
와 환경의 문제를 맡기는 것과 마찬가지다.

문화와 소통 산업은 결코 다른 경제 산업과 같은 것이 될 수
없다. 유럽인들은 세계무역기구를 통해 미국의 논리에 대항할 수
있는 지적, 문화적, 재정적, 경제적 수단을 가진 유일한 집단이다.
하지만 그들은 이 거대한 투쟁의 선구자임에도 불구하고 그 책임
을 버거워하고 있다.

이처럼 문화 다양성을 위한 현실적 역량은 여전히 미약하
며, 미래의 정치 지향에서도 멀리 떨어져 있다. 물론 부분적으
로 영화와 영상 제작물 등과 관련된 투쟁은 다자간투자협정(AMI,
Accord Multilatéral sur l'Investissement 1998)이라는 것을 통해 마침내
유럽에서도 일정한 반향을 일으키고 있다. 그러나 많은 유럽 국
가들은 문화 다양성의 근본적인 목적을 여전히 이해하지 못하고
있다. 이런 투쟁은 먼저 탈규제 이데올로기의 트로이 목마가 될
수 있는 전자 상거래를 통제하는 것으로부터 시작되어야 할 것이
다. 확실히 1989년부터 1997년까지 '국경 없는 텔레비전'의 지향
점은 유럽 방송 산업의 발전과 배포를 옹호하는 것이었지만, 거
기에도 여전히 많은 주저함이 있었다. 그런 와중에 다국적 문화
산업의 과도한 집중이 문제가 되자 그제야 이 분야에서 유럽에
의해 수행된 핵심적 역할을 이해하게 되었다. 왜 유럽은 문화 다
양성을 위한 투쟁의 선봉대 역할을 유지하는 데 성공하지 못했

는가? 이 핵심적인 주제에 대해 유럽은 미국 문화가 유럽에 많은 빚을 지고 있다는 사실과 미국이 이에 대해 정치적인 중요성을 인식할 수 있도록 도와줄 수 있다는 사실을 망각했다. 오히려 그들은 미국에게 문화적, 지적으로 거의 끌려다니다시피 했다. 유럽의 힘은 단지 그들의 GNP에만 있지 않다. 그들이 보유한 핵잠수함의 수와도 상관없다. 유럽의 힘은 문화적 정치의 중요성을 인식하는 데 있고, 공적 영역과 사적 영역이 적절히 조합된 문화 산업의 존재에 있으며, 창조의 정치와 규제에 있다.

물론 이것들로도 충분하지는 않다. 문화 산업의 과도한 집중에 대해 투쟁해야 한다. 문화와 소통에 관한 모든 과도한 집중은 결국 다양성의 문제와 대치된다. 아울러 소통의 정치적 특성을 인식하고, 진정한 공공서비스로서 라디오와 텔레비전의 자리를 보장해 주어야 한다. 그리고 방송에서 일반 매체와 특정 매체 사이의 균형을 맞추기 위해, 가령 종교 채널 같은 특정 매체가 증가해 일반 매체의 사회 관계적 기능을 침범하지 못하게 해야 한다. 또한 다양한 나라들의 매체 스타일과 프로그램을 더 많이 소개해야 한다. 공존은 타자의 세계를 이해하는 것이다. 영상 소통에 관해서 유럽은 더 많은 것을 할 수도 있다. 그럼에도 그들의 머뭇거림은 미국에 대한 문화적 종속과 문화 다양성의 문제가 가지는 중요성을 잘 이해하지 못하는 것으로부터 온다.

지난 50여 년 동안의 이데올로기적 고립이 있은 후에 유럽적 문명과 문화의 토대는 냉전 이데올로기에 대한 저항에 있었다. 오늘날 동유럽 국가들과의 교류는 유럽인들이 헤어졌던 그들의 가족과 재결합함을 의미한다. 이런 재통합은 문화 다양성에 대한 존중을 전제로 한다. 가까운 미래에 이슬람과 동방정교는 유럽 기독교의 개방을 요구하며 유럽의 중심에 들어오게 될 것이다. 잘된 일이다. 왜냐면 종교적 공존으로부터 유럽의 모든 문화 다양성이 가치 평가될 것이기 때문이다. 실제로 유럽의 문화는 가톨릭과 개신교 그리고 그들의 뿌리인 유대교, 이슬람교, 동방정교라는 바탕 위에 만들어졌다. 이런 종교적 다양성은 세속주의 사상을 재(再)점화할 것이며, 그것은 유럽의 핵심적 문화유산과 문화적 다양성을 사고하는 데 도움을 줄 것이다.

경제 분야는 지난 50여 년 동안 공산주의의 붕괴와 유럽의 확장에 대한 정치 논리로서 유럽연합을 구축하는 데 있어 유일한 견인차 역할을 했다. 하지만 이제 문화 다양성의 문제가 그 중심에 서게 될 것이다.

3) 테러리즘, 이민, 매춘의 긴급 상황에 맞서자

이 세 가지 현실은 그들의 폭력성으로 인해 유럽으로 하여금 문화적 상황을 정치적으로 다루도록 강요할 것이다. 유럽의 테러리즘은 두 가지 문제를 제기한다. 하나는 바스크와 코르시카가 고발하는 민주적 질서와 관련된 것이고, 또 다른 하나는 유럽이

테러리스트들의 도피처가 되고 있다는 사실이다. 특히 솅겐 조약

(1985년 유럽연합 국가 간 국경 검문소 폐지를 골자로 국가 간의 통행 제한을 없애기 위

해 체결된 조약-옮긴이) 이후 물리적으로 유럽의 국경 간 폐쇄가 불가

능해진 데 기인한다. 테러리즘은 폐쇄적 문화 정체성의 논리를

최대한 끝까지 밀어붙인다. 또한 그 자체의 폭력성으로 인해 문

화 다양성과 정치 사이의 관계를 사고하게 만들며, 동시에 폭력

적인 정체적 주장을 더 이상 용납하지 않는 방법과 범위를 찾도

록 강요한다.

테러리즘은 유럽을 국제적 테러 운동의 후방 기지로 사용하기

위한 수단이다. 알 카에다는 경찰과 법원, 정치 그리고 미디어 사

이의 관계 문제를 재인식하게 만들고, 유럽인들의 협력을 증대하

도록 강요하며, 역설적으로 국제적 테러리즘에 의해 직접적으로

고발당한 미국의 역할을 강화하도록 만든다. 그리고 테러리즘은

특정 조건을 가진 특정 국가에게 문화 정체성을 부인하고 정치

적 변화를 거부하며, 폭력과 광신주의가 어떻게 결합할 수 있는

지를 생생히 보여 준다. 또한 지구상에 존재하는 민주적 삶의 얇

은 지층을 고발하고, 문화와 폭력 그리고 정치 사이의 불분명한

경계선을 보여 준다.

만약 유네스코가 문화 공존이라는 위대한 기획에 실패한다면,

그 이후로 테러리즘이 하나의 해결책처럼 나타날 수도 있다. 유

네스코는 테러리즘의 대척점에 있다. 문화적 상호 이해의 노력은

불가능한 것인가? 테러리즘은 비밀 요원과 법, 정치가 결합된 마술에 의해 와해될 것인가?

유럽 통합에 대한 또 다른 급진적인 비판은 불법적인 이민 문제를 다루는 데 따르는 어려움에서도 목격된다. 오늘날 이민은 세 가지 이유에서 유럽 통합에 대한 부정적인 요소로 인식된다. 첫째, 유럽은 이민자들을 경제 발전의 도구로 사용했을 뿐, 민주주의라는 찬가를 불렀던 것을 제외하고는 그들과의 공존이나 동화에 관해 전혀 무능력했다. 유럽의 이민자 정책이 드러낸 처참함은 유럽의 위계질서적인 사회 분위기나 그들이 문화적 다양성을 받아들이는 데 무능력함을 보여 준다. 둘째, 이런 문제를 해결하기 위한 정치적 노력의 부재는 국경을 맞대고 있는 이웃 나라들과의 관계에 집중할 능력이 없는 벙커라는 유럽의 이미지만을 강화한다. 이것은 유럽이 내세우는 기초적인 원칙에도 어긋나는 일이다. 유럽은 항공 정책, 우주, 사냥, 어업 협정에는 아주 쉽게 합의를 이루지만, 이민은 그렇게 하지 못하고 있다. 불법 이민자들은 세계에서 가장 부유한 지역이자, 세계적 경제 불평등의 땅, 사회 모델을 갖추고 있지 못한 유럽을 가장 강렬하게 폭로하고 있다. 셋째, 유럽이 동유럽으로부터 공급되는 최대의 불법적 매춘 시장이라는 사실은 유럽 통합에 대한 가장 혹독한 폭로일 것이다. 이것은 여성 해방을 위한 투쟁의 급속한 퇴행 증거이자 인간 해방을 부르짖는 국가에서조차 불법 매춘 경제가 기본적인 인권보다 더 중요하게 취급되고 있다는 사실을 극명히 보여 준다. 이는 곧 서유럽의 동유럽에 대한 무관심과 문화적 무시의 다른 모습이다.

불법 이민이나 테러리즘보다 더 큰 문제인 매춘은 문화적 유럽보다는 부자들을 위한 유럽이 형성되고 있음을, 문화에 대한 최소한의 정의조차 인간에 대한 존중에 도달하지 못했음을 증명한다. 매춘의 영역에서도 인간 존중과 최소한의 문화적 정의는 지켜져야 한다. 매춘은 유럽이 그들의 사상과 목적으로부터 멀어져 있음을 일깨우는 가장 실제적인 상징일 것이다. 매춘은 노예 제도의 첫 번째 형태이며, 지금도 걷잡을 수 없이 커지고 있다. 이런 상황에 누가 유럽에 인권이 존재한다고 말할 수 있는가?

매춘과 마약은 문화적 다양성이 존재하기 위해서 인간 존중이 선행되어야 함을 보여 준다. 인권과 인간 존중은 문화의 시작점이다. 전 세계에서 가장 문명화된 곳이라 할 수 있는 유럽에서 인권이 무참히 공격당하고 있다는 사실은 다른 여러 국가들의 인권이 매우 낮은 상태에 있음을 방증한다.

우리는 마약과 매춘, 부패를 통해 유럽과 서구 사회가 가장 근본적인 곳에서부터 무너져 내리고 있음을 발견한다. 테러리즘과 이민, 매춘은 오늘날 문화와 민주주의가 서로 다른 곳에 있음을 말해 준다.

그러므로 유럽은 다음과 같은 작업을 동시적으로 지속해 나가야 한다. 첫째, 공통의 거대 기획을 문화의 영역에서 인식하고 이를 중산층 계급이 추진해 나가도록 해야 한다. 둘째, 각기 영향력을 가진 수많은 차이점들을 존중하고 이를 관리해 나가는 것이다. 정치적 기획이 더 확고히 입증될수록 다양성에 대한 존중과 학습 또한 더 필요해질 것이다. 다양성을 위한 지름길은 문화 공존의 진정한 힘을 망각하지 않는 것이다. 모든 다양한 문화적 전후 관계 안에서 일본은 이러한 역설의 한 가지 예라 할 수 있다. 일본은 매우 서구화되어 있으면서도 실제로 자세히 들여다보면 서구와 수많은 차이점을 가지고 있음을 알 수 있다.

유럽을 위대하게 만드는 기획은 이중의 목적을 가지고 있음을 늘 기억해야만 한다. 그 둘은 바로 협력의 유토피아와 차이점을 존중하는 매우 일상적이고 명확한 지식이다. 이 둘은 언제나 동시적으로 행해져야 한다. 스타일의 문제는 아마도 이 두 논리에 대한 의식 수용을 위한 가장 빠른 지름길일 것이다. 왜냐면 스타일은 문화적 지식의 융합을 표현함과 동시에 자신과 닮지 않은 것에 대한 일종의 관용을 의미하기 때문이다. 유럽 통합의 핵심인 관계적 문화 정체성은 많은 시간과 일정 단계의 생활수준을 필요로 한다. 그것은 우리가 타자에 의해 위협받지 않을 때 그 타자를 더 잘 용인할 수 있기 때문이다. 즉 유럽의 경제적 부유함은 그들의 문화적 다원주의를 위해 실질적으로 중요한 조건이다. 이것은 모든 방식으로 공존해야만 하는 다른 문화적 공동체,

예를 들어 경제적으로 불리한 조건에 있는 아프리카나 남아시아에 비해 유럽이 가진 중요한 이점이다. 어쨌든 생활양식이 더 닮아 가면 갈수록 문화적 차이점은 더욱 필수적이라는 사실을 인지하고 관리해야 할 것이다. 왜냐면 유럽인은 결코 다른 사람과 닮기를 원하지 않을 것이기 때문이다. 내가 『마지막 유토피아』에서 언급했듯이 "공통적인 생활양식이 곧 문화적 유럽을 의미하는 것은 아니다". 모든 유사성 아래에는 결코 변하지 않는 차이점들이 존재하며, 대중문화와 민주주의의 위대한 발전 그리고 중산층의 출현과 같은 것들도 유럽적 문화 의식을 구성하는 데에는 전혀 충분하지 않다. 오히려 그 반대라고 할 수 있다. 유럽인들이 똑같은 문화적 수단을 공유할수록 차이점에 대한 존중은 반대로 더 명확해야 한다.

문화적 차이점은 어떤 면에서 지극히 작은 것이긴 하나, 서로에게 다가서도록 강요하는 유럽의 정치적 기획 안에서는 더욱 존재론적으로 다가온다. 과거 유럽 문화는 경제적, 징치적, 사회적 통치 체제의 다양성을 넘어 모든 엘리트들을 통합했다. 예를 들어 세르반테스, 톨스토이, 발자크, 그레코, 벨라스케스, 르누아르 등은 모든 차이점을 초월하는 공통의 문화유산 토대를 구축했다. 그리스와 로마, 비잔틴의 유산은 말할 필요도 없을 것이다. 오늘날 유럽의 정치적 기획은 오직 공통의 문화유산이 존재한다는 이유에 의해서만 존재할 수 있다. 다만 우리가 점점 타자에게 다가갈수록 서로의 차이점도 그만큼 인정되고 존중되어야 할 것이다. 그 차이점들은 가까운 미래에는 사라지지 않을 것이며, 어쩌면 점점 더 중요해질 것이기 때문이다.

이런 이유로 유럽은 문화 공존을 위해 특별히 중요한 지역이다. 유럽이 문화적 유럽을 만드는 것보다 더 쉬운 정치적 유럽으로 향해 갈수록 무한한 다양성의 요소들은 더 강조될 것이다. 다시 말해 정보에 의해 확인된 구체적인 예들과 점차 증가하는 동반자들, 그리고 정체적인 요구 증가가 결국 모순을 형성하게 된다는 것을 인식하고 이에 대처하는 통합과 다양성이라는 영역의 중요성을 고려해야 할 것이다.

4) 문화 다양성의 가치를 인식하자

문화는 유럽의 핵심이다. 이는 엘리트 문화나 문화 산업체들에 의해 생산되는 문화를 말하는 것이 아니다. 이들 문화는 단지 '세계적으로 퍼져 있는' 문화에 불과하다. 유럽 일반인들의 높은 교육 수준은 확실히 유럽을 엘리트 문화가 가장 많이 발달한 지역으로 평가받게 만든다. 하지만 유럽 엘리트 문화는 유럽 통합과는 별도로 존재하고 발전한다. 이런 문화는 전 세계에 걸쳐 일정한 교육 수준과 취향, 생활양식 그리고 동일한 문화적 습관을 공유하고 있는 모든 사람들을 결합하는 계급적 공동체와 관련된 것이다. 우리는 그것을 전시회나 음악회, 미술관, 축제 등에서 볼 수 있다. 엘리트 문화도 물론 중요하다. 그러나 그것은 자유로이 여행하며, 어디에서나 똑같은 예술적 취향을 가지고, 자신들의 세계주의를 세계적 문화와 혼동하는 경향이 있는 특정 엘리트들에 의해서만 양육된다. 결국 이런 것들은 '또 다른' 세계화의 중심 개념인 문화 공존과는 별로 상관이 없다. 엘리트 문화를 초월하는 세계적 의미의 문화란, 과거와 현재를 연결하고 문화유산적 가치와 역동적인 실제적 가치들이 결합된 것이다. 이것은 현대 세계를 대표하는 수많은 공동체와 개인들이 함께 상호작용하는 것이다. 이것은 경계가 매우 넓고 불명확하다. 취향에 대한 사회적 위계질서로부터의 해방이며 사회적 개방, 창조와 논쟁의 가능성을 표현하는 과정이다. 결국 이것은 전통적 문화 영역의 중요한 부분인 엘리트 문화로부터 탈출하는 과정이다.

종합하면, 이것은 계급적인 문화로부터 벗어나 현대사회에서 수용되고 융화될 수 있는 행동적 문화를 의미한다. 가령 반세기 전이라면 문화의 영역에 끼어들 자격조차 없었던 영화, 인터넷, 비디오게임 등이 다양한 문화적 경험으로 확장되고 정당하게 '문화적 상품과 서비스'로 인식되고 있다.

문화들 간의 차이를 초월하여 모든 문화를 통합하는 것은 유럽적 문화 다양성을 이해하기 위해 필수적이다. 이것은 타자를 이해하는 수단으로서 핵심적인 역할을 하는 대표성과 고정관념에 대한 연구 작업에 의해 이루어진다.

우리를 결합하는 것과 분리하는 것들을 더 잘 이해하기 위해서 혹은 우리 자신을 더 잘 이해해야만 한다. 이것은 실제적인 번역 작업의 발전에 의해 이루어질 수 있다. 왜냐면 특히 유럽에서는 언어 다양성 문제가 결코 간과할 수 없는 현실이며, 가까운 미래에 공통의 단일 언어를 사용할 가능성은 거의 없을 것이기 때문이다. 반대로 과거 유럽에는 어느 도시든 일종의 공공 업무를 담당하는 작가나 번역가, 공증인을 위한 가판대가 있었으며 이런 제도의 현대판 버전이라 할 수 있는 정치적 '번역 사무소' 프로그램을 운영하는 것은 유럽 정치의 긍정적인 상징임과 동시에 물질적인 토대가 될 수 있을 것이다. 또한 유럽의 언어 다양성을 존중하기 위한 법 제정과 같은 공식적인 절차 또한 필요하다. 아울러 효율성을 주장하며 영어 사용을 강요하는 기술관료의 전형적인 압력에도 대응해야 한다. 이런 기술관료주의적 압력에 대한 정치의 유약함은 놀라울 정도다. 예를 들어 우리는 '유럽 의회'에 관해서는 대서특필하지만, 언어 다양성에 대해서는 논의하지 않는다. 마치 언어 다양성이 기껏해야 모든 유럽인들이 영어를 말할 때까지 기다리면 되는 문제인 것처럼 말이다. 하지만 현실은 정반대다. 오히려 유럽 의회에서 무엇보다 언어 다양성에 대해 조명했어야 했다. 이것은 적어도 언어 다양성의 정치적, 문화적 중요성을 강조하는 공식적인 수단이 될 수 있을 것이다.

또한 이런 핵심적인 다양성과 동시에 아주 필수적인 수천 개

의 문화적 차이점을 이해하기 위한 학습을 해야 한다. 문화 다양
성이야말로 지배적인 근대화 논리의 폐해를 치료하기 위한 필수
적인 해독제다. 작지만 필수적인 차이점을 존중하는 것은 기술관
료적인 특정 근대화 이론의 한계를 인식하는 것이며, 사회관계는
경제보다 훨씬 복잡한 것이라는 사실을 이해하는 것이다.

  이것을 위해 우리는 적어도 세 가지 언어 학습을 일반화해야
한다. 유럽인들이 더욱 다양한 언어를 접할수록 그들은 더욱 언
어 다양성을 존중할 것이며, 전 유럽에 걸친 '번역 사무소'의 구
성을 방해하지 않을 것이다. 이것을 시작하기 위해 그 의미를 배
우고 인식하자. 오늘날 누가 유럽의 11개 언어를 듣고 그것이 어
떤 언어인지 알아맞힐 수 있는가? 언어 다양성의 학습은 회피할
수 없는 첫 번째 단계다. 두 번째는 다른 나라의 역사를 배우는
것이다. 타자의 역사에 대한 최소한의 지식 없이 어떻게 상호 이
해할 수 있겠는가? 어떤 유럽 정치인이 다른 나라의 중요 사건과
인물을 열거할 수 있는가? 역사는 물론이고 지리학적 지식 또한
똑같은 중요성을 가진다.

  약 10년에 걸쳐 전쟁을 치른 구(舊)유고 연방은 이처럼 수많은
문화적 차이점들이 만든 중요한 예가 될 수 있을 것이다. 한때는
문화 공존의 찬란한 증거였던 유고슬라비아는 유럽이 자신의 다
양성을 관리하는 데 어려움을 겪고 있는 방식을 전쟁을 통해 스
스로 보여 주었다. 6개 국가(슬로베니아, 크로아티아, 세르비아, 보스니아-헤

르체고비나, 몬테네그로, 코소보)와 3개 종교(가톨릭, 동방정교, 이슬람)가 뒤얽힌 유고슬라비아는 1914년 이후 유럽 문화 다양성의 거울과 같은 존재였다. 우리가 존중을 위해 배우고자 하는 모든 것들이 거기에 응축되어 있었다. 언어, 종교, 생활양식, 전통의 다양성, 기후, 건축, 가족 체계, 민속 등. 그러나 결과는 전쟁과 반(反)인륜적인 인종 청소였다.

문화 다양성을 위해 미디어를 넓게 사용하는 것도 효과적인 방법이다. 다른 나라의 의미 있는 프로그램, 즉 가장 전형적이거나 가장 대표적인 프로그램을 자막과 함께 방송함으로써 우리는 차이점에 대해 서로 익숙해지고, 그럼으로써 미디어 소통은 타자를 향한 통로가 될 것이다.

언어와 번역에 대한 야심찬 기획과 유럽 정치의 거대한 목적에 부응하는 수준의 소통은 문화적 우호에 대한 거대한 작업과 문화적 차이점을 배우는 학습의 상징이다. 모든 것이 경험을 필요로 한다. 문화적 차이에 충분한 주의를 기울여야 하며, 타자의 존재와 항구성을 수용하고 체험하기 위한 시간을 가져야 한다. 그런데 역설적인 점은 유럽이 자신들의 문화적 목적과 상반됨에도 불구하고 단순한 속도 논리와 상호작용, 이성적인 정보에 의해 지배되는 문화적 모델 안에 살고 있다는 점이다. 모든 문화적 문제들은 형태의 학습과 최소한의 관용을 점진적으로 창조하는 스타일의 발견 그리고 사소하고, 이성적으로 불명확한 수천 가지의 경험 안에 존재한다.

결국 여행을 통해 습득한 상호 이해 없이, 물리적 이동 없이, 또한 기후적, 지정학적, 언어적, 정치적 차이점에 대한 경험 없이 행해지는 다양성에 대한 학습은 존재할 수 없다. 유럽의 모든 사람들은 '가서 보기' 위한 '에라스무스 프로그램'과 같은 거대한 교환 학생 프로그램에 대한 책임을 맡게 될 것이다. 우리 모두는 여행이 문화 다양성 학습을 위해 필수적인 기회이자 이타성에 대한 현실적 체험이라는 사실을 알고 있다. 아울러 정보의 신기술 덕분에 시공간 개념이 사라져 버린 사회 속에서 공간과 지정학을 체험하기 위해서 문화 공존 학습에 이동과 장소, 영토 그리고 국경에 대한 경험을 결부시켜야 한다.

확실히 우리 모두는 이미지와 정보를 통해 아시아와 라틴아메리카 그리고 아프리카 등 타문화에 대해 많은 것을 알게 되었지만, 동시에 이것은 우리 자신의 문화적 원류에 대해서는 낯선 존재가 되고 있다는 사실을 의미하는 것인지도 모른다. 세계화는 문화 정체성과 상호 모순되는 것이 아니며, 오히려 문화 정체성을 일깨운다. 즉 세계화가 상호 소통적인 것이 될 수 있도록 정치인이나 사회, 문학 관련 인물 그리고 모든 조건의 사람들에게 정체성의 중요성을 일깨우는 것이다. 아울러 세계화가 폐쇄적 정체성이나 외국인 혐오증 또는 타자를 배제하는 수단이 되지 않게 하기 위해서다.

만약 오늘날 유럽에서 순례 여행이 매우 중요한 위치를 차지하고 있다면, 그것은 바로 유럽인들이 다른 형태로는 경험할 수 없는 것을 느리게 이동하면서 공간에 대한 경험을 하고자 하기 때문일 것이다. 예를 들어 자전거를 이용한 짧은 여행과 같이 느린 여행은 모든 것이 개방의 속도를 가속화하는 오늘날에 속도 이외의 다른 것을 찾고자 하는 욕구의 징후라 할 수 있다. 팝 음악과 비디오게임, 인터넷에 현혹된 유럽의 젊은이들이 자연과 풍경을 학습하기 위해 도보 여행이나 자전거 여행을 하는 것은 여행 자체로서의 의미는 물론, 그들이 물려받은 역사와 문화를 몸소 접촉할 수 있는 기회가 될 것이다. 달리 말해 그들이 중요시하는 것은 자신이 경험하는 것이 최신의 세계적인 것이냐가 아니다. 그저 문화적 정체성의 수많은 뿌리에 연결되어 있다면 그것으로 그들은 유럽의 문화적 유산에 발을 들여 놓을 수 있는 것이다. 그리고 그들은 거기서 인터넷을 통해, 혹은 히말라야 트래킹을 통해 그들 자신의 뿌리를 발견하게 될 것이다.

실제로 '가속' 운동과 종종 평행선을 그리는 '서행'의 거대한 물결에서 이것은 차이와 국경의 만남, 문화유산, 그리고 언제나 탐구되는 인간적 연대감을 위한 시험대이자, 작지만 필수적인 모든 차이점들과 함께 타자에 대한 존경을 의미한다. 또한 정체성과 문화, 때때로 연대의 발견을 위해 중심적인 역할을 수행하는 지정학적 국경에 대한 시험대이기도 하다.

내가 말하고자 하는 것은 아주 실재적이고 상호작용적이다. 세계화된 세상에서 이런 의미에 대한 탐구는 매우 중요한 일이다. 특히 세기에 걸쳐 분열된 사람들을 협력하게 하고 결합하게 하는 창조적인 유럽 통합을 위해 매우 중요하다.

이 거대한 문화적, 민주적, 평화적 도전에 맞서 우리는 겸손을 유지하면서도 야심을 가져야 한다. 어쨌든 유토피아에 대한 순진한 환상이나 보수적인 관례 추종은 버려야 할 것들이다. 모든 것은 창조되고 실험되어야 한다. 이것은 유럽이 지난 50여 년간 침잠하고 있는 문화 공존에 대한 학습에 의해서 이루어져야 한다. 미래의 인류를 위해 필수적인 이 도전에 대한 진지한 협력이 필요하다. 마지막으로 이것은 역사의 진보자였던 문화와 소통 사이의 관계를 인식하는 것으로부터 이루어져야 한다.

제5장

한국, 또 다른 세계화를 위한 기회인가?

내가 한국을 처음 접하게 된 것은 최근의 일이다. 2007년 가을 나는 프랑스 국영 텔레비전 이사 자격으로 중국과 일본을 방문한 적이 있다. 도중에 이틀간 한국에 들렀는데 아쉽게도 그 짧은 체류 기간 동안 내 기억에 남아 있는 것은 거의 없다. 하지만 2011년에 이루어진 두 번의 방문은 내게 큰 충격을 남겼다. 2011년 3월 프랑스 대사관의 초청으로, 그리고 9월에는 한국 이미지 커뮤니케이션 연구원(CICI)의 초청으로 IT 분야의 최강국이자 '한류'를 통해 문화 산업의 강자로 도약하고 있는 한국을 발견했다. 동시에 나는 나의 연구를 한국의 상황에 접목시킬 수 있는 가능성도 보았다.

두 번의 방문 동안 한국은 내게 매우 다정하고 호기심 넘치며 놀랄 만한 우정을 보여 주었다. 특히 기억에 남는 것은 나의 방문에 맞추어 출간된 『불통의 시대 소통을 읽다』와 함께 이루어진 강연회에서 본 정보와 소통, 세계화에 대한 한국 학생들의 날카롭고 진지한 의견과 반응이었다. 어떤 금기나 선입견도 없이 표현의 자유를 누리는 그들의 태도에서 나는 한국이 아시아의 여러 국가들 중에서 가장 쉽게 소통할 수 있는 나라가 아닐까 생각해 보았다. 중국에서는 정치와 관련된 특정 주제는 피해야 하며, 일본에서는 청중을 당황하게 만들지 않는 것이 예의 바른 행동이었다.

왜 한국은 여전히 미지의 나라로 남아 있는가?

이 두 번의 성공적인 방한 이후 나는 스스로에게 물어보았다. 중국과 일본, 싱가포르, 베트남, 태국 등을 그토록 자주 방문했음에도 왜 한국을 더 일찍 발견하지 못했는가? 왜 이렇게 늦게야 한국을 방문하게 되었나? 물론 내 자신의 호기심 부족과 시간 부족을 탓할 수 있겠지만 또 다른 이유가 있을 것이다. 한국은 그들이 이룬 것들에 대한 이득을 취하지 못하고 있다. 만약 한국이 더 일찍 전 세계의 관심을 받았다면, 나 또한 더 일찍 한국을 방문했을 것이다. 한국은 경제적인 거인이 되었지만 문화적으로는 여전히 미지의 나라로 남아 있다. 왜 그런가? 이것은 아주 흥미로운 질문이다.

이 소외의 한 원인은 역사적인 이유 때문이다. 많은 인구를 가진 중국과 일본은 지난 수 세기 동안 서구인들의 상상력을 자극하면서 국제적인 역할을 담당했다. 유럽은 중국의 아편전쟁과 의화단 사건, 장제스, 마오쩌둥에 대해 잘 알고 있다. 일본의 사무라이와 메이지유신도 마찬가지다. 특히 일본의 인상파 화가들로부터는 심대한 영향을 받았다. 그들의 채색 판화는 국제적으로 유명하다. 파리의 골목마다 위치한 스시 식당은 말할 필요도 없을 것이다.

반면 일본의 식민지로 지냈고, 이후에도 한국전쟁으로 폐허가 된 한국은 그런 기회를 갖지 못했다. 불행히도 유럽인들이 기억하는 한국에 대한 첫 이미지는 제3차 세계대전의 도화선이 될지도 모른다는 두려움을 갖게 한 1950년의 한국전쟁이었다. 그리고 최근에 들어 '한강의 기적'으로 대표되는 경제적 성공, 그리고 1988년 개최된 서울 올림픽 정도일 것이다. 적으나마 프랑스에서는 아방가르드적인 한국 영화들의 성공과 한류에 대한 언급 정도가 더해질 수 있다. 하지만 그 외에 이렇다 할 커다란 이슈는 없는 상황이다. 프랑스에서, 넓게는 유럽에서 극동에 대한 사고는 오랫동안 경제적, 문화적 교류가 있었던 중국과 일본에 한정되어 있을 뿐이다. 신참자인 한국은 아직 자리를 잡지 못하고 있다. 물론 한국 역사 또한 뿌리가 깊고 세계와 수 세기에 걸쳐 접촉하면서 문화적 번영을 이루었다는 것을 알고 있다. 예를 들어 신비로

운 아름다움을 간직한 고려청자는 한국(프랑스어로 Corée)을 유럽에
알린 장본인이다. 하지만 이는 전문가들 사이에서만 알려진 사항
일 뿐 일반 대중은 포함되지 않는다. 유럽인들에게 한국은 여전
히 미지의 나라로 남아 있다. 고백하건대 나도 그들 중 하나였다.
한국을 방문하기 전까지만 해도 내가 한국에 대해 아는 것은 많
지 않았다. 물론 이런 상황이 미래에도 계속되지는 않겠지만 현
재 유럽에서는 부정할 수 없는 사실이다. 한국이 제대로 된 평가
를 받기 위해서는 시간이 필요하다. 유럽은 인도와 중국, 일본에
대한 균형추 역할을 할 수 있는 한국에 대해 알아 가는 것을 서
둘러야 한다. 거대한 아시아 국가들 사이에서 한국은 인구 규모
나 경제 규모 면에서 유럽 국가들의 카운터파트가 되기에 적당
하다. 이는 한국이 유럽 국가들과 아시아를 연결하기 위한 첫 단
계, 혹은 중개자, 나아가 동맹국이 될 수 있는 매우 중요한 위치
에 있다는 것이다.

프랑스에서 한국이 제대로 인식되지 못한 것은 베트남이 맡은
역할과의 혼동 때문이기도 하다. 모두가 알고 있듯이 베트남과
캄보디아, 라오스는 1954년까지 프랑스의 식민지였다. 그들이 독
립한 지 반세기가 지났음에도 불구하고 프랑스인들은 여전히 베
트남에 대한 향수를 지니고 있다. 프랑스인들에게 김(Kim)은 베트
남인들의 이름일 뿐, 한국인의 성은 아니다. 또한 아시아 국가 중
남과 북으로 분단된 국가도 베트남—비록 1975년 그 경계선은

사라졌지만—이지 한국은 아니다. 특히 프랑스인들이 잘못 인식하고 있는 사실은 베트남인 대부분이 여전히 프랑스어를 사용하고 있다고 믿는 것이다. 현재는 한국의 프랑스어 사용자가 베트남보다 많다. 소통의 관점에서 이런 현상은 모든 정보가 같은 효과를 나타내는 것이 아님을 증명한다. 가장 오래된 정보가 가장 잘 알려져 있으며, 또한 가장 쉽게 발생하는 반작용과 친숙한 반향, 심지어는 동정심까지 유발한다. 새로운 정보는 강요되고, 이해되며, 수용되기 위해 언제나 많은 시간을 필요로 한다. 한국에 대한 뒤처진 평판을 따라잡기 위해서 한국은 먼저 다른 아시아 국가들과는 다른 방식으로 소통해야 한다. 그 과제의 폭은 실로 거대하지만 한국을 위해, 그리고 유럽과의 대화를 위해 필수 불가결한 것이다.

문화로 소통할 것인가? 기술로 소통할 것인가?

지난 10여 년 동안 한국은 문화와 통신 산업 분야에서 세계적인 중심지가 되었다. 이것은 한국을 알리는 데 큰 도움이 될 것이다. 나는 특히 한국이 IT 기술과 그 기술로 유통되는 콘텐츠들, 즉 영화나 인터넷, 텔레비전, 만화, 음악, 비디오게임, 패션, 스포츠 등을 통해 자신의 이미지를 발산하는 것에 주목하고 있다. 세계는 점차 한국에 대해 더 잘 알아 갈 것이다. 1988년 올림픽과 2002년 월드컵과 같이 다가오는 2018년 동계올림픽 또한 큰 역할을 담당할 것이다.

프랑스인들이 한국에 대해 얼마나 정보가 부족한지 알려 주는 한 예가 있다. 프랑스어로 남한(Corée du Sud)이라는 말에는 남쪽이라는 뜻이 담겨 있어 한국을 열대 국가로 생각하는 사람들도 더러 있다. 2018년에 개최될 동계올림픽은 한국이 실은 산의 나라이며, 눈과 겨울을 가진 나라라는 것을 그들에게 보여 줄 것이다. 이는 한국에 대해 광고보다 더 많은 것을 알려 줄 것이다.

그러나 이런 노력에도 불구하고 모든 소통 수단이 제대로 작동되었는지는 매우 의심스럽다. 전자레인지에서 텔레비전, 자동차에서 이동통신 기기까지 LG와 삼성, 현대라는 상표는 이제 유럽인들의 생활 속 깊이 자리 잡고 있다. 나는 한국을 방문하기 전에도 이들이 한국 상표라는 것을 알고 있었고, 한국에 와서는 금호, 한진 같은 다른 거대 기업들도 알게 되었다. 그런데 동시에 몇 가지 놀랄 만한 의문을 갖게 되었다. 그것은 다름 아닌 '이런 대기업들이 어째서 한국 기업이라는 사실을 알리지 않는가?' '이들의 국가적 긍지는 어디에 있는가?' '한국의 경제 기적이 세계 역사상 전례가 없는 상황에서 이런 자학은 무엇 때문인가?' 등과 같은 의문이었다. 50년이 넘는 세월 동안 미쓰비시와 소니, 닛산 등은 자신들이 일본 기업이라는 사실을 전 세계에 알렸으며,

그 사실은 일본이라는 국가의 이미지 확산에 절대적으로 공헌했다. 나는 한국 방문 후 프랑스로 돌아가서 삼성의 광고를 자세히 관찰한 적이 있다. 나는 특히 광고심의위원회 의장으로서 소비자 사회에 미치는 상업 광고의 위력에 매우 민감하다. 삼성은 갤럭시 태블릿을 출시하고 파리 지하철의 광고판에서부터 시사지 표지까지 모든 분야에 걸쳐 자사의 광고로 뒤덮고 있다. 하지만 그 어디에서도 삼성이 한국 기업이라는 사실을 나타내는 문구는 찾아볼 수 없었다. 삼성 텔레비전과 이동통신 기기, 태블릿의 구매자들 또한 삼성이 어느 나라 기업인지 알지 못한다. 다만, 발음 유사성으로 인해 삼성은 일본 기업으로, 현대는 중국 기업으로, LG는 미국이나 독일 기업으로 인식되고 있는 실정이다. 한국 상표를 단 제품들이 프랑스인들을 사로잡고 있는 지금 이런 현실은 매우 아쉬운 부분이다.

그런데 이런 현상은 아마도 기업의 상업적 전략과 관계된 것이리라. 삼성은 스스로를 세계적 차원의 거대 다국적기업으로 간주하고 있기 때문에 자신의 출신 국가를 명기하지 않는 것이라 생각된다. 물론 GM이나 애플, 코카콜라와 같은 회사들도 자신들이 미국 기업이라는 사실을 언급하지 않지만 이것은 완전히 다른 경우다. 그들의 오랜 역사 덕분에 세상 사람들은 그들이 미국 상표라는 것을 자연스레 알고 있으며, 설령 그들이 그 사실을 언급하지 않더라도 어쨌든 그들은 미국적인 생활 방식을 상징하기 때문이다. 그러나 삼성은 이런 경우가 아니다. 그들의 성공 또한 비교적 최근의 일이다. 해외에서 광고를 내보낼 때 삼성은 자신의 로고와 상품을 선전하지만 한국을 선전하지는 않는다. 그리고 그것에 대한 논쟁 또한 없다. 나는 이것이 좋은 전략이라고는 생각하지 않는다. 그것은 두 가지의 이유에서 그렇다.

첫째, 삼성이 비록 아주 복잡하고 기술적인 상품을 생산하지만 거기에는 어쨌든 국가적 정체성과 수완, 지적 능력으로 구성된 문화적 내용을 포함하고 있기 때문이다. 삼성과 현대, LG 등의 상품은 단순한 기계 이상으로 한국인들의 창조성과 독자성, 뛰어난 기술력을 구현한 제품들이다. 그들이 세계 시장에서 거둔 성공과 한국 경제에서 차지하는 비중, 특히 군사 독재 정권하에서 받은 혜택 등을 고려할 때 이들 거대 기업들은 영화나 텔레비전 프로그램, 음악, 비디오게임 등과 마찬가지로 그들이 몸담은 국가를 알릴 사명이 있다. 그러나 그들은 그렇게 하고 있지 않다. 그들이 한국 출신임을 전면에 내세우지 않는 것은 그들이 아직 낡고 편협한 폐쇄적 세계화 개념을 가지고 있다는 것을 나타낸다. 그들은 문화로부터 경제를, 사회로부터 기술을 구분 짓고 있는 것이다. 그러나 소비 사회와 문화 세계화의 시대에 모든 것은 테크놀로지와 문화적 가치를 가지고 있다. 한국 기업들은 그러한 사실을 인식할 능력이 없거나, 아니면 인식하기를 원치 않는 것 같은 느낌을 준다. 게다가 더 아쉬운 점은 이런 세계적 전략이 한국의 이미지를 세계에 홍보하는 대신, 그것을 더 흐리게 하는 데 기여한다는 것이다.

둘째, 이런 현상이 상업적 오해에서 비롯된 것이 아닌지 의심 스럽다는 것이다. 지금 우리가 겪고 있는 경제 위기의 한 원인으로 간주되는 다국적기업의 과잉 시대에, 기업들은 이제부터 출신 국가의 정체적 특성과 문화적 특성을 강조하는 것이 이롭다는 것을 알게 되었다. 성장의 시대에 기업들은 자신들의 세계적 전략을 자랑할 수 있지만, 지금과 같은 위기의 시대에는 사회적 어려움을 예방하기 위해 국가적 연대감을 증명하는 것이 바람직하다. 나는 삼성이 자신의 출신지를 명시하지 않기 때문에 상품을 더 많이 판매한다고는 생각하지 않는다. 오히려 그 반대라는 생각을 가지고 있다. 문화적 토대와 뿌리가 없는 상품은 영혼이 없는 것이나 마찬가지다. 이는 소비자들에게도 감동을 주지 못한다. 나는 한국 상품이 한때는 지금의 중국 상품처럼 질 낮은 상품이라 생각했다. 하지만 이제 그런 시절은 지나갔다. 한국은 일본이 그랬던 것처럼 이제 질적으로 승부하고 있다. 그런데 한국 기업들이 자신들이 만든 것이 한국 상품임을 숨기는 것은 내게는 여전히 뭔가 숨길 게 있다는 의심을 불러일으킨다. 그런 점에서 대한항공은 삼성과는 다른 전략을 택하고 있다. 물론 회사 이름에 국적이 명시되어 있어 일견 당연하기도 하다. 한국 문화 열풍도 마찬가지이다. '한류'로 불리는 한국 문화 열풍은 그것이 한국 문화임을 자랑함과 동시에 해를 거듭할수록 성공을 거두고 있다. 만약 한국이 국제적 평판의 부족을 메울 수 있는 방법을 찾는다면, 가장 월등한 광고 수단이 될 수 있는 주요 거대 기업을 이용하는 것이 가장 효과적인 방법이 될 것이다. 21세기의 세계화된 경제는 국가적, 문화적 정체성을 필요로 하기 때문이다.

한국, 과연 소통하는가?

역시 소통의 관점에서 짚고 넘어가지 않을 수 없다. 소통한다는 것은 단순히 정보를 전달한다는 것이 아니다. 그것은 우리가 정보를 제공하고, 설득하여, 유혹하고자 하는 수신자들의 다양한 기호를 충족시키는 것을 의미한다. 한국은 그것에 필요한 모든 재료를 이용하고 있는가? 내가 보기에 그렇지 않은 것 같다. 한국이 전달하고자 하는 정보에는 이중의 의미가 존재한다. 그것은 복고주의적이면서 동시에 근대적이고, 민속적이면서 역동적이다. 이것은 이해할 만하다. 한국은 아주 오랜 문화와 역사를 가지고 있다. 그리고 중국과 일본의 제국주의, 한국전쟁과 그 후의 미국적 모델은 한국에 꼭 맞는 역량의 증진을 가로막았다. 특히 서구에서는 그 가치를 종종 무시하거나 평가절하하는 경향이 있는 한글은 상당히 뛰어나다. 한자라는 표의문자가 지배하던 세상에서 한글의 창조는 그야말로 획기적인 사건이었다.

한편으로 지난 50여 년 동안의 한국의 운명은 확실히 예외적인 상황이었다. 50여 년 전에는 저개발과 빈곤에서 몸부림치던 국가가 오늘날에는 세계 10대 경제 대국으로 성장했다. 특히 정보 통신 분야에서는 세계에서 가장 앞선 국가가 되었다. 한국인들이 이런 역동성과 힘을 바탕으로 오늘날의 한국을 만든 창조적 능력을 내세워 소통하고자 하는 것은 어쩌면 당연한 일이다.

그러나 한편으로 이런 메시지는 오해를 불러올 수도 있다. 이 이중성은 혼동의 원인이 될 수 있다. 한국이 자랑하는 것이 무엇인가? 한국이 내세우고자 하는 것은 과거인가? 현재인가? 전통을 찾아 한국을 방문한 사람과 신기술의 허브를 찾아온 사람 모두를 실망시킬 우려가 있다. 한국은 둘 중에 한쪽을 선택하든지, 아니면 적어도 위계질서를 잡아야 한다.

내가 보기엔 한국은 과거와 미래, 즉 전통과 신기술이 공존하는 국가다. 그리고 그러한 이미지로 소통하려 한다. 그러나 그것이 사실이라 할지라도 이런 사실이 메시지를 구성하고 소통되기는 어렵다. 과거와 현재, 전통적 한국과 신기술의 한국, 두 경우 모두 긍정적인 대표성을 가졌다는 측면에서 같다. 그러나 두 경우 모두 왜곡되어 있다. 과거에 대한 메시지는 오로지 전통적인 음악과 의례적인 춤, 화려한 의상이 전부라는 민속적인 인상을 주지만, 우리는 한국인들이 자신들의 운명과 불행을 잘 인식하고

있는 만큼 이런 인상이 사실이 아니라는 것도 알고 있다. 현대에
대한 메시지 역시 경제적 번영과 성공, 진보 등을 보여 주지만 그
것은 단지 현실의 한 단면에 불과하다. 위에서도 언급했듯이 이
런 메시지의 이중성은 충분히 이해할 만하다. 그러나 그 메시지
들이 목표로 삼는 사람들의 기대를 충분히 가늠하고 있는가? 한
국만큼 성공을 거두지 못하고 있는 나라들에게 자신들의 성공에
대한 한국인들의 자랑이 거만함으로 비칠 위험은 없는가? 오랜
역사의식을 가지고 성장과 답보의 과정을 경험한 유럽 국가들에
게 한국의 단편적인 메시지는 거짓되게 들릴 가능성이 있다. 한
국의 성공에 대한 자찬은 그것이 야기할 문제를 충분히 인식하
지 못하는 것 같아 아쉽다.

사실 오늘날과 같이 정보의 자유가 보장되는 시대에 한국인들
이 보여 주는 메시지만을 믿고 그들을 판단하는 사람은 드물 것
이다. 한 나라가 경제적 성공만으로 요약될 수는 없다. 한국의 교
육 시스템은 고(高)비용과 경쟁이라는 문제점을 가지고 있다. 그리
고 한국은 인구 통계학적 측면에서 붕괴되고 있으며, 시골은 텅
비어 가고 있다. 아파트 버블은 최고점에 도달했고, 노동자들의
삶은 더욱 피폐해지고 있다. 사람들은 점점 고립되고 불행해지며,
사회 속에서 자신의 위치를 찾지 못하고 있다. 이런 사실은 경제
적 성공에도 불구하고 줄어들지 않는 이민과 자살률을 보는 것
만으로 충분하다. 다른 모든 발전된 나라와 마찬가지로 한국도

좋은 점과 나쁜 점을 가지고 있다. 그러나 몇몇 한국 영화를 제외하고는 한국의 일상적인 생활 단면을 보여 주는 통로는 드물다. 미국 사회는 거대 회사와 기술력은 물론이고 폭력과 부패조차 드러내기를 주저하지 않는다. 영국도 그렇고 독일과 프랑스도 그렇다.

한국은 왜 안 되는가? 현실을 투명하게 보여 주는 객관적인 메시지는 연민을 일으키지만, 진부한 광고처럼 보이는 '다이내믹 코리아' 같은 자화자찬이나 슬로건보다 훨씬 더 소통에 유리하다. 달리 말해 유능한 장사꾼으로서 한국은 자신의 이미지를 하나의 상품이나 상표처럼 제한된 이미지로 선전하려는 경향이 있는데 이것은 잘못된 판단이다. 한국은 하나의 상표보다 더 큰 국가이자 문화이고, 문명인 것이다.

한국과 다언어주의

사상의 영역에서도 한국이 모든 언어에 앞서 영어만을 선택한 것에 아쉬움이 남는다. 특히 한국에는 역사적으로 여러 언어가 공존했다는 점에서 그렇다. 학문과 문화 언어로서 한문과 식민 제국주의 언어였던 일본어, 그리고 1945년 이후 일본을 대체한 미국의 영어를 기본으로 기술 언어로서의 독일어, 예술 언어로서의 프랑스어, 심지어 스페인어까지 다양한 언어들이 학습되었다. 하지만 최근 10여 년 동안 정부에 의해 강요된 기계적인 영어 제일주의에 밀려 나머지 언어들의 입지가 좁아지고 있다는 사실은 안타깝다. 영어를 가르치는 교사들은 이제 한국의 모든 대학교와 고등학교, 심지어 초등학교에서도 근무하고 있다. 한국에서 영어를 구사한다는 것은 곧 성공의 지름길이자 한국인들에게 하나의 집착이 되어 버렸다.

이것은 세 가지 이유에서 상당히 우려할 만한 실수다. 첫째, 한국이 대외무역을 기반으로 발전하는 나라라는 점에서 이것은 잘못된 선택이다. 사실 세계인들과 사업을 하기 위해서 필요한 언어는 영어가 아니라 고객이 사용하는 언어다. 특히 미국과의 교역은 날로 줄어들고, 중국을 비롯한 아시아, 아랍 국가들과의 교역이 확장되고 있는 시점에 다양한 언어 학습을 접어 두고 영어에만 몰두하는 것은 잘못된 판단이다. 한국인들은 자신들이 언어적 재능을 타고나지 않았다고 겸손해하지만, 내가 강연회에서 마주한 그들의 수준은 놀라웠다.

둘째, 영어 제일주의는 정치적으로 반(反)생산적, 반(反)창조적인 선택으로 보인다. 현재 우리가 살고 있는 정보-소통의 세계화 시대에 가장 두드러진 긴장의 원인 중 하나가 바로 미국의 거대 문화 산업이 추구하는 영어에 의한 문화 지배이기 때문이다. 인터넷, 비디오게임, 팝 음악에서 영어를 쓴다고 해서 모든 사람이 미국의 문화적 지배를 받아들이는 것은 아니다. 그리고 미국 문화를 즐긴다고 해서 그들의 가치마저 수용하는 것은 아니다. 2001년 9월 11일 테러범들은 미국식 영어를 완벽하게 구사했지만 동시에 미국 문화를 철저히 파괴하려 했다. 한국이 영어 제일주의를 지향하는 것은 오늘날 가장 지배적인 언어에 적응하려는 시도이지만, 앞으로 영어의 지배력은 점차 줄어들 것이다. 나아가 영어 제일주의는 영어를 사용하지 않는 다른 사람들로부터 거부될 위험마저 내포하고 있다.

셋째, 영어 제일주의를 선택한 것은 시기적으로도 늦다. 오히려 영어가 지배적인 언어가 되면서 지금은 다른 언어들의 반작용을 유발하고 있기 때문이다. 인터넷에서도 그 예를 찾을 수 있다. 10여 년 전에는 영어를 사용하는 사이트가 인터넷을 독점했지만, 이제는 그 점유율이 반으로 줄어들었다. 미국과 영국 또한 이런 상황을 인식하고 있다. 심지어 그들은 다른 언어, 특히 아시아가 가진 세계적인 영향력으로 인해 아시아 언어 교육을 권장하고 있다. 소통의 중심 언어로서 영어를 학습해야 하는 것은 확실하다. 그러나 영어만을 학습하는 것은 절대 바람직한 현상이 아니다. 미래는 언어 다양성의 시대가 될 것이며, 그것은 문화 공존을 이루는 핵심적인 조건이기 때문이다. 영어 제일주의를 선택한 한국은 후회할지도 모른다. 문화 세계화의 시대에 우리는 문화적 차이점들을 인식하고 이해하며 수용해야 한다. 문화적 차이점들

중 가장 중요한 것이 바로 언어다. 영어에 대한 집중은 다른 언어의 배제를 전제로 하며, 또한 영어 사용이 소통을 쉽게 만들 것이라는 믿음은 반대로 소통을 제한하는 기제로 작용할 것이다.

+ 제안들: 한국이 취해야 할 소통 전략

한국에 대한 국제적 평판 결여를 바로잡기 위해서 한국은 대화 상대자들의 관습과 기대, 문화 다양성을 인식하는 진정한 의미의 소통 전략을 세워야 한다. 미국과 영어라는 힘에 업히는 전략은 당장은 이득이 될지 모르나, 장기적으로는 오히려 장애물이 될 것이다. 내가 '또 다른 세계화'라 명명한 문화 세계화의 시대에 성공할 수 있는 유일한 방법은 문화 다양성을 인식하는 진정한 소통뿐이다. 이 작업은 거대한 도전이 될 것이다. 오늘날 나는 한국 이외에 이런 장점과 단점이 첨예하게 대립하며 뒤엉켜 있는 나라를 알지 못한다. 이것이 바로 한국의 경우가 소통의 연구에 있어서 매우 매력적인 이유다. 때문에 한국은 충분히 도전할 만한 가치가 있으며, 세계적 국가로 거듭나기 위해서도 마땅히 도전해야 한다.

1) 북한, 불편한 경쟁자

한국이 가진 소통의 문제점 중 하나는 남북 분단이라는 현실이다. 전 세계가 정치 세계화와 그 후의 경제 세계화, 이제 정보-소통의 세계화의 단계에 들어섰다. 하지만 한반도의 나머지 반은 여전히 그렇지 못하다. 비록 북한이 1991년 유엔에 가입했다 하더라도 그들은 여전히 서구의 자유민주주의적인 가치를 거부하고 있다. 그들은 마르크스-레닌주의를 자신들만의 방식으로 적용한 '주체사상' 속에 얽매어 있다. 북한은 공산주의가 붕괴했음에도 생존을 위한 일련의 암거래에 몰두하며, 전 세계적 차원의 시장경제를 받아들이지 않는다. 그런데 북한이 1945년 이래로 국제 질서를 거부하고 있다는 사실과 1980년대의 공산주의 붕괴는 한국에 두 가지의 문제를 제기한다.

첫 번째 문제는 정치적, 경제적 질서와 관련된 것이다. 세계화 시대의 여러 나라들은 친환경이나 이타성 발견, 탈(脫)국경과 같은 유사한 가치를 공유하고 논하고 있다. 하지만 한국은 DMZ라는 초월할 수 없는 국경에 의해 다른 나라들과는 완전히 상반되는 이데올로기를 가지고 있다. 한국은 북한에 의해 지리적으로 고립 상태에 놓여 있다. 판문점 휴전협정 이래로 북한은 남한에 대한 위협을 멈추지 않고 있다. 같은 인종과 같은 언어, 같은 역사에도 불구하고 분단은 두 나라 사이의 소통을 매우 복잡하고 불안정하게 한다. 그나마도 많지 않은 메시지 교환은 도리어

서로에게 오해를 유발하고 있다. 이처럼 두 한국은 소통하지 못하고 있다. 2012년 4월에 발사된 북한 미사일의 경우는 이런 벙어리들 간의 대화를 결정적으로 보여 준 사건이다. 북한은 공산주의 이데올로기의 겉모습과는 다른 왕조 국가적인 행동을 보여주고 있으며, 남한과 그 동맹국들은 군사적 위험과 경제적 손실에만 집착하고 있다. 평양은 서울이 평양을 이해하지 못하는 만큼 서울을 이해하지 못하고 있다. 한국이 북한의 위협에 대비하기 위해 방위 분야에 엄청난 비용을 쏟아붓고 있음에도 오늘날과 같은 경제 세계화의 시대에 국가적 번영을 이룩했다는 점은 실로 놀라운 일이다. 아마도 평양은 워싱턴이 1980년대 초반 소위 '스타워즈'라 불리는 우주 전쟁 프로그램을 수행하면서 고의로 구(舊)소련을 파산시켰던 것과 비슷한 전략을 계획했을지도 모른다. 북한의 그러한 계산에도 불구하고 한국은 근대화와 경제 세계화에 성공했다.

두 번째 문제는 북한과 남한이 일종의 경쟁자 관계에 놓여 있다는 것이다. 한국이 국제사회에서 뒤처진 위상을 만회하기 위해 보내는 메시지는 대부분 북한의 메시지와 뒤섞여 뒤틀린 상태가 되고 만다. 나는 아직도 1970년대와 1980년대 북한이 프랑스에서 펼친 홍보성 캠페인을 기억하고 있다. 그 당시 평양은 일간지 사이에 전단지 광고를 했다. 그리고 당시에는 프랑스어로 번역된 김일성의 저작을 손쉽게 구할 수 있었다. 내가 기억하고 있는 한도 내에서 강조하자면, 그 당시 북한은 '오로지 영어' 전략을 취하지 않았다. 물론 정치적 이유에서도 이해가 가지만, 나는 그것이 당시 제3세계 비동맹의 핵심 국가였던 북한이 문화 다양성의 개념을 존중하기 위한 시도였다고 생각한다. 오늘날 북한은 경제적 이유에서 당시와 같은 홍보를 할 수는 없다. 그러나 과연 그들이 그러한 수단을 여전히 필요로 하는가? 아니다. 그들의 정권은 너무 시대착오적이고, 그들의 왕조적 스탈린주의는 너무 황당하며, 그들의 독재자는 너무 풍자적인지라 그것만으로도 모든 관심을 사로잡기에 충분하다. 서구 언론들은 좋은 의미에서 북한 인권 상황을 고발하기 위해, 나쁜 의미에서 선정주의나 관음증 때문에 남한보다는 북한을 언급하기를 좋아한다. 북한이 고의로 그러는지 아닌지는 알 수 없지만 그들의 공포 정치와 부조리는 서구인들의 흥미를 불러일으킨다. 이런 상황 때문에 서구에서 한반도를 이야기할 때는 거의 자동적으로 독재자와 핵 위협과 연관지어서 이야기한다. 긍정적인 한국의 이미지와 핵 종말의 전율을 상기시키는 북한의 이미지 중에서 선택은 빨리 일어난다. 영화와 마찬가지로 공포와 비극은 관객들을 더 빨리 사로잡는다.

북한을 바라보는 서구의 시각은 한국에게 있어 매우 불리하게 작용한다. 북한은 과잉의 나라다. 독재 과잉, 핵 공포 과잉, 인권 파괴 과잉, 기아 문제 과잉이 바로 그것이다. 과잉이라는 점에서 남한도 마찬가지다. 자본주의 과잉, 경제적 성공 과잉, 기술적 혁

신 과잉, 교육열 과잉 말이다. 이런 충격으로 세계는 한국이 민주
적이고 창조적이며 전반적으로 높은 수준의 생활양식을 갖춘 나
라라는 사실을 쉽게 망각해 버리고 만다. 세계는 북한이 DMZ 뒤
에 숨어서 자신들 방식대로의 한반도 통일을 희망하고 있을 때,
남한 역시 똑같은 생각을 가지고 있다고 생각한다. 그러나 그 방
식에 있어서는 완전히 상반된다. 즉 세계인은 남한과 북한을 똑
같은 문제의 완전히 상반된 버전으로 바라보고 있다. 그러나 오랜
세월 동안 언어적, 인종적, 관습적 통일성을 가지고 있는 나라의
분단은 이해하기 어렵다. 심지어 부조리한 것처럼 보이기도 한다.

또한 한국을 북한의 단순한 반대 모습이라고 규정짓는 것은
사실도 아니며 바람직하지도 않다. 한국은 흥미로운 점을 더 많
이 가지고 있다. 북한은 여전히 냉전 논리에 휩싸여 있지만, 한국
은 그렇지 않다. 시대착오적인 정치인들이 불순한 목적으로 그
논리를 가끔씩 이용하고는 있지만, 세계화된 탈(脫)산업화 사회에
접어들면서 새로운 문제, 즉 민주주의와 환경, 개인적 행복, 사회
적 소통 등에 더 많은 관심을 쏟고 있다. 한국에서 강연회를 하
며 방청객, 특히 학생들의 폭넓고 다양한 호기심에 놀랐다. 나는
그들이 북한과의 대치 국면보다는 다른 다양한 주제에 더 많은
열정을 가지고 있음을 알 수 있었다. 하지만 서구 언론은 이런 추
세를 알지 못한다. 예를 들어 서구 언론은 북한 미사일 발사에
대해서는 앞다투어 보도하지만, 남한의 민주주의에 대해서는 거

의 언급하지 않는다. 그들은 두 한국이 언제나 서로가 서로에 대한 강박관념에 사로잡혀 전쟁의 위협 속에 살고 있다고 생각한다. 프랑스의 예를 들자면 한국 문학과 영화에 대한 비평의 대부분은 언제나 분단과 전쟁의 문제로 소급된다. 이 사실은 나를 놀라게 한다. 하지만 한국 영화와 문학의 주요 테마가 분단과 전쟁이던가? 한국이 단순히 북한의 '또 다른 자아'가 아니라는 사실을 어떻게 이해시킬 것인가? 한국이 지역적, 혹은 세계적 독창성을 가지고 있다는 사실을 어떻게 이해시킬 것인가?

나는 한국이 그들의 성공적인 민주주의 정치에 대해 소통할 수 있을까 자문해 본다. 지난 20여 년을 돌아보았을 때 한국이 가장 성공적인 민주주의 국가가 되었다는 사실은 논쟁의 여지가 없는 사실이다. 한국은 복수정당제 국가일 뿐만 아니라 1998년 김대중과 2008년 이명박의 경우처럼 확실한 정권 교체를 실행하고 있다. 또한 인터넷과 사회적 연결망을 통해 점점 더 투명한 나라가 되고 있다. 게다가 이것은 민주주의가 존재하지 않는 국가인 북한이나 중국, 베트남에 비해 한국이 더 민주적이라는 뜻이 아니다. 아시아의 다른 용들인 홍콩이나 싱가포르, 대만과 비교해서, 심지어 일본보다도 더 민주적이라는 의미다. 그런데 누구도 한국적 민주주의의 성공에 대해, 그것이 어떻게 작동하는지, 가장 구체적인 효과는 무엇인지 인식하려 들지 않는다. 만약 그들이 그 사실을 인식한다면, 오로지 지역적 정치에 얽매인 북한과 세계를 향하는 한국과의 차이점을 쉽게 발견할 수 있을 것이다. 즉 한국이 북한처럼 오로지 분단과 전쟁에만 얽매여 있는 것이 아니라는 사실 말이다.

2) 한국 정치의 수동성

소통의 전략을 강화하기 위해서 한국이 맞서야 할 두 번째 도전은 정치적 위상에 관련된 것이다. 비록 한국이 세계 10위권의 경제력을 가지고 있다고 하지만, 정치적 관점에서는 전혀 그렇지 못하다. 이것도 역시 한국 역사 속에서 이해가 가능한 부분인데, 18세기까지는 중국의 위성국가, 20세기 전반부는 일본의 속국, 제2차 세계대전 이후에는 미국의 신탁통치를 받은 한국은 언제나 정치적 슈퍼 파워의 그늘 아래에서만 생존할 수 있는 것처럼 보였다.

반면 세계는 소비에트연방의 우산과 마오쩌둥의 품 안을 오가다가 그 후 냉전의 종결을 완강히 거부하며 현재의 독특한 정치적 위치에 이르게 된 북한을 확실히 인권에 대한 하나의 블랙홀이자 깡패 국가 내지는 국제 질서의 위협으로 간주하고 있다. 그러나 비록 부정적인 측면이기는 하지만 세계는 늘 북한을 관찰하며 귀 기울이고 있다. 2006년 10월 이후 공식적으로 알려진 북한의 지속적인 핵 개발 덕택에 그들의 정치적 위상은 강화되었다. 북한은 전 세계가 자신을 주권국가로서 간주하도록 모든 수단을 사용했으며, 결국 목표에 도달했다. 하지만 한국의 경우는 그렇지 못하다. 경제적 측면에서 한국은 모든 수단을 동원하고 있으며, 대체적으로 성공했다. 저개발 상태로부터 탈출했고, 가발에서 시작해 경공업과 중공업, 이제 최첨단 정보 산업에 이르기까지 어떤 자연 자원의 도움 없이 오로지 국민들의 의지와 재능으로 경제 대국이 되었다. 반면에 국제적 정치 영역에서 한국은 여전히 뒤처져 있다. 우방인 미국으로부터의 방치, 수십 년에 걸친 무자비한 독재, 그로 인해 지체된 민주주의의……. 한국은 유엔과 OECD, G20의 회원임에도 불구하고 막강한 정치권력으로부터 배제되어 있다. 끊임없는 노력에도 불구하고 한국은 국제적 모범생일 뿐, 결코 돋보이지 않는다. 역동적인 민주주의 국가임에도 불구하고 한국은 인권 분야나, 중요한 외교적 사안에 있어 주도권을 갖지 못한다. 지금까지 한국이 내세울 수 있는 유일한 업적은 아마도 반기문 유엔 사무총장 선출뿐일 것이다.

한국은 경제적 성공에도 불구하고 여전히 정치적 이점을 취하지 못하고 있다. 1997년 시작된 아시아 금융 위기 당시 세계는 한국의 시스템 붕괴를 예측하고, 재벌 시스템 역시 괴저에 걸렸다고 생각했다. 하지만 4년 후 한국은 제자리로 돌아왔다. 그리고 오늘날에는 재정 위기에도 불구하고 성장을 거듭하는 거의 유일한 경제 대국이 되었다. 하지만 한국은 이런 경제적 모델의 위상으로부터 정치적 이득을 취하지도 않았다. 예를 들어 세계적 경제 포럼인 다보스에서조차 우리는 한국적 경제 모델의 성공 이유를 이야기하지 않는다. 지난번 한국 방문 때 나는 한국 정부가 국가의 미래 성장 동력으로 친환경 기술을 선정했다는 사실을 알게 되었다. 한국은 왜 미래 산업의 중요 부분이 될 이런 분야에서 더 큰 목소리를 내지 않는가? 한국의 정보 통신 분야가 가진 역동성은 이미 세계적이다. 2012년 4월 서구의 모든 언론은 삼성이 세계 최고의 이동통신 사업체가 되었음을 강조했다. 이런 신기술은 정치적 관계를 만들고, 행정 시스템을 혁신하고, 교육과 여가를 관통한다. 한국은 모든 최신 기술의 실험장이자 연구실이다. 하지만 국제적 의견은 여전히 모든 것이 캘리포니아 실리콘밸리에서 나온 것이라고 믿고 있다. 오직 비디오게임 중독자들만이 한국을 정보 통신 산업의 메카로 여길 뿐이다. 한국은 나에게 그리스 신화의 카산드라를 연상시킨다. 그녀는 모든 것을 알고 있지만 사람들은 듣지 않고 또 믿지도 않는다.

이런 현상을 설명하는 논쟁은 많이 있지만 나는 핵심적인 두 가지 이유를 보고 있다. 먼저, 지리적 고립이다. DMZ와 북한에 의해 대륙으로부터 고립된 한국은 감시하에 있는 섬과 같다. 북한은 지속적으로 안전을 위협하며, 미국은 자신들의 보호를 서투르게 유지하고 있고, 이미 북한의 대부가 된 중국은 자신들의 시간이 오기만을 끈기 있게 기다리고 있다. 이런 상황에서 한국이 세계적으로 핵심적인 역할을 수행하기는 힘들다.

　한국을 특징짓는 또 다른 것은 한국의 문화적 고립이다. 모든 국가가 상호 의존적인 문화를 가지고 있는 유럽과, 모든 문화가 한데 뒤섞인 미국과는 달리 한국은 매우 동질적인 하나의 문화가 존재한다. 세계화 시대를 살고 있는 한국은 자신들의 문화는 세계화하지 못하고 있다. 예를 들어 프랑스와 이탈리아, 스페인은 공통된 문화적 기원을 가지고 있기도 하지만 물적, 인적, 사상적 교류를 멈춘 적이 없다. 이런 과정을 통해 그들은 상호 이해에 어려움이 없으며, 자동적으로 상호 공존에 도달할 수 있었다. 그러나 한국은 역사적, 문화적, 언어적 이유에서 그렇지 못하다. 문화, 사상, 언어적으로 매우 가까움에도 불구하고 중국, 일본과의 관계는 불신으로 가득하다. 이웃 나라와의 관계가 이러니 더 먼 다른 나라들과의 관계는 더 어려울 수밖에 없다. 한국에게 세계화는 자연스러운 것이 아니라 단지 의지로 인해, 마지못해 하고 있는 일처럼 보인다. 그러나 소통은 의지의 문제가 아니다. 물론 소통하기 위해서는 그것을 원하는 확고한 의지도 필요하다. 그러나 전후 관계, 편이성 그리고 유사한 풍습과 친숙한 울림을 주는 언어, 타자와 가까워지기 위한 결혼 등도 필요하다. 한국은 이런 것들에 전혀 노출되어 있지 않다. 고립된 데다 근본적으로 다른 한국은 신참이고 벼락부자이며, 이방인이다. 한국은 예전부터 국제적 정치권력 클럽에 들어가고자 했다. 그리고 이제 소망이 거의 받아들여지고 있다. 그러나 한국은 여전히 그들의 기호 체계를 이해하지 못한다.

물론 다른 한편으로 고립은 한국에게 하나의 장점이 될 수도 있다. 우리는 그것을 예술의 영역에서 찾아볼 수 있다. 예를 들어 한국의 예술가들은 어떤 금기도 없으며, 오로지 자신의 흥미와 때때로 자신들의 천재성을 바탕으로 모든 것을 시도한다. 이것은 과학과 기술 분야에서도 마찬가지다. 연구자들은 최고 또는 최악의 사태에도 물러서지 않는다. 황우석 사태와 같은 경우가 그렇다.

반대로 정치나 외교 분야에서 한국은 매우 겸손하며, 소심하고, 언제나 다른 나라의 뒤를 따른다. 한국 정치의 가장 큰 성공은 김대중 대통령에게 노벨평화상을 선사한 '햇볕 정책'일 것이다. 그러나 그러한 정책마저도 한반도적 특수성에 관련된 사항일 뿐 보편적인 상황은 아니다. 결국 한국 정치 위상의 위약함은 다른 분야의 위상 강화에도 전혀 도움이 되지 않는다. 한국은 자신이 주도권을 잡고 중심적 위치를 점할 수 있는 가능성이 있음에도 불구하고 여전히 정치적 영역에서 장점을 이끌어 내지 못하고 있다. 한국은 경제와 신기술은 물론이고 과학과 문화, 사회 분야 같은 각기 다른 여러 분야에서 점차적으로 중심 자리를 차지하고 있다. 게다가 한국은 몇 년 전부터 저개발 국가들의 발전을 돕는 주요 역할 모델로 떠올랐다. 그러나 한국 정치의 목소리는 잠겨 있고, 결국 우리는 한국에 대해 언급하지 않는다. 우리는

한국의 역동성을 조금씩 감지하고 있지만, 그것에 대해 목소리를
높이지 않는다면 다양한 분야에 흩어진 효과를 측정하기란 쉽지
않다. 자기가 하지도 않은 탐험에 대해 끊임없이 자랑을 해서 결
국 모든 사람이 그것을 믿게 만든 알퐁스 도데의 작품『타라스
콩의 타르타랭』의 경우와는 반대로 한국은 그들의 무명 영웅들
이 이룩한 업적으로부터 효과를 보지만 자랑은 하지 않는 것처
럼 보인다.

3) 문화의 새로운 물결

한국은 소통의 영역에서 많은 도전에 직면해 있지만 아주 귀
중한 여러 이점들을 가지고 있기도 하다. 특히 두 가지가 관심
을 끌었는데, 하나는 겨우 15년 전쯤에 시작해 이미 전 세계적으
로 유명해진 한국의 문화적 물결, 즉 '한류' 현상이다. 세부적인
요소는 잘 모르지만, 내가 관심을 갖는 것은 그 내용물이 아니
라 그것이 발산하는 역동성이다. 물론 이런 새로운 문화적 물결
에 대해 질이 낮다거나, 오로지 문화 산업적, 상업적 차원에 그치
며, 일종의 아류 미국 문화라고 평가절하하는 지식인이 있는 것
도 사실이다. 하지만 K-Pop이나 드라마, 영화, 비디오게임, 만화
는 물론 국제적 스포츠 스타에 이르기까지 한류를 좋아하건 좋
아하지 않건 나에게 충격을 준 사실은 한류의 힘과 에너지, 그리
고 문화적 부흥의 젊음이다.

나는 여기서 또한 강렬한 민주적 구현을 본다. 다른 아시아 국가들과 마찬가지로 한국의 문화는 오랫동안 소수 엘리트들의 독점물이었지만, 이제 더 이상 그렇지 않다. 새로운 물결은 적어도 젊은이들 사이에서는 대중적 도약에 의한 것임이 분명하다. 혹자는 '한류'가 1997년 경제 위기에서 탈출하기 위한 방책으로 정부에 의해 미래의 새로운 경제 동력의 하나로서 선택되었다고 말하지만, 나는 이에 동의하지 않는다. 그런 면이 전혀 없는 것은 아니지만 문화적 부흥은 선언되는 것이 아니며, 정부에 의해 결정되는 것도 아니다. 그것은 한국 사람들, 특히 젊은 세대가 자신들이 알고 있는 새로운 문화를 바탕으로 시작한 것들이다. 정부는 물론 수익이 되는 문화 산업의 출현을 옹호하며 그 운동을 지원했지만, 결코 창조한 것은 아니다. 만약 한국이 근본적으로 민주적이지 않았다면 이런 성공을 거두지는 못했을 것이다.

비록 내가 이런 문제에 전문가는 아니지만, 몇 가지 사건을 우연히 인식하게 되었다. 첫 번째 사건은 1980년대 말 한국에 민주주의를 정착시킨 사람들은 학생과 젊은이들이었다는 사실이다. 오늘날 문화적 부흥을 이끌고 있는 주체도 젊은 세대다. 확실히 한류는 민주주의적 흐름을 계승한 것처럼 보인다. 중국의 경우는 그 반대다. 마오쩌둥의 문화혁명 당시 젊은이들이 중요한 역할을 수행했다. 그러나 더 이상 그들의 목소리는 들리지 않았다. 현재의 젊은 세대 역시 어떤 문화적 역할을 수행하지는 못하고 있다.

그러나 한국의 젊은 세대는 한류를 자신들을 표현하는 수단으로 확실히 자리매김했다. 또 다른 사건은 1998년 정권 교체와 문화적 새 물결의 시작이 같은 시점에 시작되었다는 것이다. 두 현상 사이에 뚜렷한 상관관계는 없어 보이지만, 어쨌든 비교는 흥미롭다. 문화는 민주주의와 진보된 사회의 표현 수단으로서 가장 근본적인 것이기 때문이다.

한국의 문화적 새 물결, 즉 '한류'는 미국과의 관계라는 측면에서도 역시 흥미로운 현상이다. 한류를 발견한 서구인들에게 그것은 미국 문화의 아류 상품으로 보일 것이다. 이런 분석은 수긍할 만한 것이다. 사실 한국은 여전히 미국적 논리와 경제, 군사력의 우산 아래 몸을 의지하고 있다. 그런데 어떻게 미국적 생활 방식으로부터 탈출할 수 있겠는가! 세계인이 한국을 대면할 때 이런 미국적 생활 방식의 삼투를 못 본다면, 그것이 더 이상한 일일 것이다.

그러나 영어에 대한 강박관념, 개신교 교회, 야구 모자, 패스트푸드 그리고 골목마다 퍼져 있는 스타벅스에도 불구하고 한국인들은 미국인이 되지 않았다. 한국인들은 그들의 언어와 국가 관념, 전통, 음식 등을 보존하고 있으며, 미국에 대한 그들의 관심은 다른 문화의 수용이 아니라 좋은 것이든 나쁜 것이든 일종의 영감의 원천 정도일 것이다. 미국과의 비교는 꽤 흥미롭다. 초창기 미국은 오로지 유럽을 향해 열려 있었고, 유럽인들은 그들의 문화를 열등하고 촌스러운 유럽 문화의 아류 정도로 취급했다. 그 후 미국인들은 아프리카 문화에, 이후에는 아시아 문화에 관심을 가졌으며, 결국 전체를 구성하는 문화이자 전 세계를 열광시킨 문화인 '문화적 용광로'의 자양분으로 삼았다. 왜 이런 일이 한국에서 발생할 수도 있을 것이라 생각하지 않는가? 한국이 미국을 의식하는 것은 분명한 사실이지만, 그것이 언제나 열등한 위치로서 미국의 영향권 아래 놓여 있음을 의미하는 것은 아니다. 한국의 정치와 문화 사이에는 크고 근본적인 차이가 존재한다. 한국이 미국의 정치적 세력권 아래 있다고 해서 자동적으로 문화적으로 의존하고 있다고 생각하는 것은 한류의 독창성을 오해하는 것이다.

한류는 몇 가지 이유에서 그 독창성을 증명했다. 첫째는 언어다. 한국은 오늘날 엄청난 양의 음악과 텔레비전 드라마, 영화를 수출하고 있다. 하지만 그들은 영어가 아닌 한국어로 만들어진 것들이다. 반면 프랑스에서는 국제 시장을 겨냥해 몇몇 제작자들이 영어로 프로그램을 제작하는 실정이다. 나는 이것이 결코 현명한 판단이라고는 생각하지 않는다. 전 세계에 걸쳐 한류가 거둔 성공에는 취향의 다양성 또한 내포되어 있다. 유럽인들은 한류가 아시아에서 거둔 성공이 아시아적 연대감의 증거일 뿐이라고 평가절하했다. 그러나 이런 평가야말로 편견이었다. 그런 논리로 중동과 라틴아메리카, 동유럽에서의 성공을 설명할 수는 없었다. 미국 작품에 버금가는 기술적 수준은 물론, 줄거리와 연출 스타일, 그리고 무엇보다도 미국적 가치와는 다른 가치를 보여 줌으로써 대중을 사로잡는 힘이 한류에 있었다. 세계인들은 한류의 기저에는 한류가 전파하는 역동적인 메시지와 미국식 기술이 있다는 것을 안다. 하지만 결국 그것은 미국의 것이 아니다. 한류는 미국 문화의 아류작이 아니다. 그것은 오히려 미국 문화의 현실적 대체물이나 경쟁자가 될 수도 있다. 미국이 한-미 FTA 조약 협정서에 영화를 포함시키도록 그토록 강요한 이유가 무엇이겠는가? 나는 2005년과 2006년에 유네스코의 문화 다양성에 관한 협약에 의거하여 한국 영화인들이 한-미 FTA 협정에 반대하는 투쟁을 했던 것을 기억한다. 그들이 옳았다. 그 후 한류는 미국의 문화적 영향력에 저항하기를 멈추지 않고 있다.

4) 기술 이데올로기에 대한 저항

소통의 영역에서 한국인들에게 도움이 될 수 있는 다른 성공 수단은 다소 역설적일 수도 있다. 그것은 정보 통신 기술과 맺는 그들의 관계와 관련된 것이다. 서구에서 이런 기술은 진보의 미덕으로 칭송받는다는 의미에서 가히 숭배의 대상이다. 이런 기술은 많은 양의 정보를 효과적으로 전달하는 데 목적이 있을 뿐, 수신자를 고려하지는 못한다. 많은 사람들은 소통이란 단지 인터넷상에 사이트나 블로그를 만들고 정보를 전송하는 것이라고 믿고 있다. 하지만 과연 많은 공간들 중에서 진정 타인과 소통하는 것은 몇 개나 될 것인가? 인터넷상에서 우리는 실질적으로 공허와 소통한다.

하지만 반대의 경우도 생각해 볼 수 있을 것이다. 정보란 그것을 찾는 사람들을 향하지만, 동시에 목표로 삼지 않은 사람들 또는 그 정보를 인식하지 못하는 사람들에게도 도달한다. 정치적, 종교적, 성(性)적인 주제를 다루는 사이트들의 경우도 불특정 다수에게 공개돼 있다. 그런데 이런 주제는 특히 민감한 부분이라 이런 주제들을 이해하지 못하거나 아예 오해해서 정보에 접근하는 사람들이 문제가 된다. 하지만 여전히 사람들은 신기술이라는 이유만으로 정보와 통신 기술을 비판하는 것을 일종의 퇴행이자, 보수적이고 반동적인 일로 여긴다. 이것이 바로 내가 기술 이데올로기라고 부르는 것이다. 마르크스주의를 비판하는 것은 곧 부르주아라는 증거이며, 프로이트를 비판하는 것은 신경쇠약 환자라는 증거로 여겨졌던 것처럼, 오늘날 정보 통신의 신기술을 비판하면 아무것도 모르는 사람, 즉 시대에 뒤처진 사람이라는 증거가 된다. 인터넷을 비판하는 것은 용납조차 되지 않는데, 이것이 바로 기술 이데올로기의 특성이다.

현재 한국은 2000년대 초반 이후 전자 통신 세계의 메카로 통한다. 기본 연결망이 전 세계에서 가장 잘 구축되어 있으며, 접속이 가장 쉽게 되는 나라다. 한국은 거의 모든 분야가 온라인에 연결되는 전 세계 몇 안 되는 국가들 중 하나다. 행정과 은행 업무, 시험, 쇼핑, 게임, 파티, 일상생활은 물론, 심지어 비밀스런 사생활에 이르기까지 모든 것이 온라인에서 가능하다. 북한 역시 인터넷에 연결돼 있다. 북한의 젊은이들도 인터넷에서 대화하고 높은 수준의 정보를 구한다. 하지만 그것 또한 국가의 통제하에서 허락된다. 그런데 이 두 개의 한국은 인터넷을 사이버 공간의 냉전 체제로 전환하는 데 주저하지 않는다. 두 나라의 해커들은 상대방의 연결망에 침투하여 반(反)체제적인 정보를 배포한다. 특히 북한의 경우 한국의 행정 시스템 교란을 일으켰다고 알려져 있다. 이런 모든 상황을 감안할 때 한국이 사이버 세상의 세계화에서 리더가 되지 않고, 오히려 주변부에 머무르고 있는 상황은 솔직히 이해하기 어렵다. 게다가 한국은 연결망에서 자신들의 알파벳을 사용하는데, 나에게는 이것이 사이버적 천재성의 원천인 것처럼 보인다.

한국은 자신들의 독자적인 사회적 네트워크와 역시 독자적인 정보 취급 방식을 가지고 있으며, 이것은 미국이라는 거인, 특히 페이스북 같은 것보다 앞선 것들이다. 한국에서는 사이버 발전 모델이 과학적이며, 인터넷은 대체적 수단으로 사용되는 것이 아니라 완전히 실제적 서비스의 수단으로 사용되고 있다. 서구인들이 두려워하는 것과는 반대로, 온라인상으로 모든 행동을 실제로 수행할 수 있다는 사실은 서비스 연관 계통의 직업들을 제거하는 것이 아니라 오히려 그것들을 강화한다. 이것이 바로 삼성이 프랑스에서 커다란 성공을 거두고 있는 이유이다. 다른 경쟁자들은 A/S 서비스를 온라인상에 올려놓기만 할 뿐, 아무도 응답하지 않는다. 결국 어떤 문제도 해결할 수 없는 반면, 삼성은 실질적으로 문제를 해결한다.

더욱 놀라운 일은 한국인들이 기술 이데올로기에 굴복한 것처럼 보이지도 않는다는 것이다. 그들은 정보 통신 혁명의 비슷한 단계를 거치고 있는 다른 나라에 비교해 정보 사회와 소통 문제에 대한 비판에 훨씬 개방적이다. 그들은 이미 오래전부터 인터넷에 거의 항구적으로 접속되어 있지만, 인터넷의 사악한 효과, 즉 정치적 오용, 현실 세계와 단절된 온라인의 고독, 성적인 이미지, 그리고 중독 문제 등에 대해 개방된 비판을 가한다. 한국 정부는 컴퓨터에 중독된 청소년을 대상으로 심야 시간에 인터넷 게임 이용을 제한하고 있다. 성인들을 위해서는 재활 프로그램을 운영하고 있다.

또한 사이버 정치도 태동하고 있다. 한국인들은 10여 년 전부터 '네티즌'이 되었다. 이 말은 네트워크상의 시민을 일컫는다. 정치적 주장을 토론하는 블로그나 논쟁적인 사이트들이 우후죽순 생겨났다. 한 예로 2002년 대통령 선거를 둘러싼 온라인상의 논쟁과 그 결과로, 보수주의자인 상대방 후보를 이기고 진보주의자 노무현이 대통령에 당선되었다. 그 후 모든 정치적 집단은 인터넷 사이트나 블로그를 개설했다. 가장 최근의 이슈로는 팟캐스트에서 선풍적인 인기를 누리고 있는 '나는 꼼수다'를 들 수 있다. 이명박 현 대통령의 반대 연합인 이들은 그를 '부자들의 대통령'이라고 비꼬는데, 이들의 활동은 한국에서 하나의 사회 현상이 되었다. 그러나 이런 사실에도 불구하고 2012년 4월의 국회의원 선거는 사이버 세상이 현실 세상을 대체할 수 없음을 보여 주었다. 소셜네트워크에서는 보수 정당이 여지없이 패했지만 실제 선거에서 그들은 다수당의 지위를 유지했다. 사이버 한국과 현실적 한국 사이의 이 분절을 어떻게 설명할 것인가? 이것은 의심의 여지없이 한국에서 기술적 네트워크와 정치적 목적 그리고 도덕적 가치를 혼동한 기술 이데올로기의 실패 때문이다. 모든 젊은이들이 인터넷에 의해 영향받을 것이라고 판단한 진보진영은 온라인상에서 동서분주했지만, 모든 젊은이들이 그들을 따른 것은 아니다. 또 노무현 당선과 같은 결과를 창출해 내지도 못했다. 그들이 다른 사람들과 비슷한 성향, 즉 신기술과는 상관없는 이데올로기적 이유나 지역적 혹은 경제적 이유로 투표했다는 점은 투표 결과로 나타났다.

한 가지 놀라운 것은 젊은 한국인들이 자신들의 선택을 매우 확신했다는 것이다. 그들이 인터넷을 좋아하고 하루도 빠짐없이 사용하는 것은 사실이다. 그러나 이메일을 보내고 비디오게임을 즐기는 것과 정치는 별개의 문제다. 그것은 블로그나 트위터와 관련된 것이 아니라, 일련의 약속과 믿음, 소신에 관련된 것이기 때문이다. 달리 말하면 우리가 굳게 믿었던 인터넷=소통=젊음=진보가 무효가 되었음을, 그리고 한국적 현실의 어려움과 모순이 한국의 가상 세계에 따끔한 맛을 보여 주었음을 의미한다. 아마도 이것은 한국이 다른 나라에 줄 수 있는 교훈이 될 것이다.

5) 한국과 또 다른 세계화

앞서 언급한 사항들을 고려할 때 한국은 내가 주장하는 소통의 '또 다른 세계화'에 주요 국가로서 자리매김할 수 있다고 확신한다. 한국은 기술적, 경제적 수단을 보유하고 있다. 10여 년 만에 정보 통신 혁명의 중심지로 부상한 한국은 정보와 소통의 세계화에서 중심지가 될 것이다. 하지만 서구는 여전히 한국의 이동통신 기기와 비디오게임만 주목하고 있다. 미국 문화 산업의 대안으로 떠오르고 있는 한류와 함께, 한국은 다른 나라들에게 문화 다양성을 보장할 것이다.

여기서 흥미로운 사실은 문화 세계화 시대에 미국의 문화적 지배를 거부하고 적대시하는 사람들도 한류에 대해서는 별다른 적대감을 보이지 않는다는 것이다. 그 이유는 한류가 근본적인 가치, 즉 민주주의와 영웅주의, 낭만적 사랑 그리고 가족에 대한 존경 등을 다른 방식으로 사용하고 있다는 점에 있다. 또한 전통적 가치뿐만 아니라 현대의 상징인 기술적 성공의 취향도 공유하고 있기 때문이다. 종합하면, 한국적 문화 상품은 미국 문화 지배에 대한 진정한 문화적 대안이 될 수 있다. 복잡한 기술에도 불구하고, 혹은 복잡한 기술 덕분에 한국은 소통 문제를 해결할 최상의 해법으로 간주하는 이데올로기로부터 탈출할 수 있는 것처럼 보인다.

그러나 더 큰 기회는 한국이 여전히 자신들의 소통을 숙고하는 과정에 있다는 사실이다. 북한이라는 경쟁자와 그들에 가로막힌 상대적 고립은 한국을 여전히 정치적으로 외부인으로 남아 있게 한다. 한국은 한반도의 균형과 안정에 발목이 잡혀 그들이 당연히 맡아야 할 국제적 역할을 결정짓지 못하고 있다. 그러나 역으로 이런 문제들로 인해 한국은 미래의 문화들 간의 교차로나 대화의 장으로서 자신의 역할을 해낼 수도 있다.

특히 이데올로기적 관점에서 한국은 중국, 소련, 북한과 같은 대륙의 과거 공산주의 국가들과 미국, 일본과 같은 해양의 자유민주주의 세력이 합류하는 지점에 위치하고 있다. 또 경제적 관점에서 한때는 저개발 국가라는 이름표를 달고 있었지만, 이제는 선진국 대열에 조금 더 다가가 있다. 그런 위치에서 한국은 북한이 세계 질서에 동참할 수 있도록 끊임없이 설득해야 한다.

문화적 관점에서도 마찬가지다. 한국은 세종대왕이 발명한 한글 덕분에 표의 문자를 사용하는 중국 문화와 알파벳을 선택한 그리스 로마 문화 사이에 위치할 수 있다. 어떤 이들의 눈에는 한국인들도 프랑스인들처럼 자신들의 언어가 가진 난해함에 자부심을 느끼고 있는 것으로 보이지만, 나는 그렇게 생각하지 않는다. 어떤 언어도 다른 언어에 비해 뛰어나지도 열등하지도 않으며, 더 어렵거나 더 쉽지 않다. 언어에서 중요한 것은 언어들 사이의 근접성이다. 영어를 예로 들어 보자. 영어는 독일인들에게 거의 직감적으로 느껴지지만, 같은 라틴어라는 토양을 가진 이탈리아인들에게는 어렵게 느껴진다. 이에 비해 한국인의 경우 영어를 배우는 데 매우 큰 어려움을 느낀다. 하지만 한글이 가진 24개의 비교적 단순한 자모와 비교할 만한 문법적 구조의 유사함을 인식한다면 서구인들에게 한글은 아시아 언어 중에서 가장 쉬운 언어로 보일 수도 있다. 달리 말해 한국어는 아시아 언어와 서구 언어의 가교 역할을 담당할 수도 있다. 서구 언어와는 단 하나의 연관성도 없는 중국어를 배우는 것보다는 한글을 먼저 배우는 것이 서구인들에게 더 유리할 수 있다. 종교 또한 같은 역할을 담당할 수 있다. 대체적으로 유교와 불교가 지배적인 아시아에서 한국은 대략 10퍼센트가 가톨릭, 30퍼센트가 개신교 그리고 절반이 무신자다. 한국은 이 영역에서도 역시 'Go between'의 역할에 적합하다.

마지막으로 한국은 경제적 위기와 그 부산물인 민족주의의 부상에 맞서 똑같은 역할을 해낼 수 있을 것이다. 한국은 이와 관련해 두 가지 측면에서 장점을 가지고 있다. 첫째, 경제적 성장과 함께 공업의 토대를 갖추고 있다는 점이다. 이것은 현재 탈(脫)공업화한 유럽과 미국이 겪고 있는 경제적, 재정적 위기로부터 한국이 덜 영향을 받을 것임을 말해 준다. 또한 한국은 다른 나라들처럼 경제를 바로잡기 위해 문화적 정치를 희생시키지도 않는다. 둘째, 한국의 강렬한 민족주의가 분단 상황에 너무 집중되어 있어 그 외의 나머지 상황에 대해서는 의외로 관대하다는 점이다. 사실 모든 섬나라 사람들은 맹목적으로 민족주의적인데—사실상 한국도 북한에 의해 고립된 섬이다—한국의 경우 북한과의 관계와 안전의 문제를 제외하고는 다른 나라에 대해 적대적이기보다는 오히려 호기심 어린 태도를 보이고 있다. 또 다른 세계화의 원근법에서 이것은 매우 중요한 장점이 될 수 있다. 한국이 이런 좋은 수단을 가지고 있는 것처럼 가까운 미래에 한국인들은 세계화 증진에 큰 역할을 할 것이다.

제6장

또 다른 세계화, 현실 문제의 시험장

생태 다양성과 문화 다양성

세계화 시대의 문화적 역동성에 대해 연구하기로 결정한 후 나는 정기적으로 외국에 나가 다양한 증거들을 수집했다. 또한 그것들을 세계의 현실에 대한 나의 직감과 결론에 적용하려고 애써 왔다. 나는 '성공적이든 아니든, 문화들 간의 소통과 그들 사이에 대화의 필요성을 바탕으로 하는 문화 공존의 문제가 국제 관계의 균형과 평화를 위한 거대한 도전'이라고 생각해 왔다. 이런 나의 테제는 놀랍게도 수없이 많은 현실 문제들에 의해 입증되고 있다. 마침내 많은 국가들은 거대한 환경적 재앙을 목도한 후에 지구의 생태학적 균형을 위해 생물학적 다양성을 지향할 필요가 있다는 사실을 인식하게 되었다. 그러나 이런 신념은 문화 영역으로까지 확장되지 못했다. 유네스코의 협약이 공표된

2006년 이후 문화 다양성이라는 주제는 더 이상 주요 현안이 아니다. 대신 인터넷과 기술 이데올로기의 발전에 의해 순풍에 돛을 단 듯 확장되고 있는 문화 규격화 현상이 그 자리를 차지하고 있다. 이들 뒤에는 구글과 페이스북과 같은 거대 다국적 문화 산업체가 있다. 우리가 정작 사람과 문화보다 동식물에 더 몰두하고 있는 지금의 상황은 상당히 역설적이다.

하지만 얼마 전 발생한 일본 후쿠시마의 비극을 통해 우리는 생물학적 다양성과 문화적 다양성이 서로 연결되어 있음을 발견했다. 2004년 12월 인도네시아의 쓰나미와 2010년 1월에 발생한 아이티 지진과 함께 후쿠시마의 충격적인 재앙은 우리로 하여금 인류 역사가 수많은 인명 피해를 낸 재난으로부터 일정한 영향을 받아 왔다는 사실을 기억하게 했다. 이런 재앙은 인간의 연약함을 보여 주었고, 자연의 예측할 수 없는 힘과 파괴력을 일깨워 주었다. 또한 그것은 지구물리학적 관점에서 각 문명이 근본적으로 다른 상황에 처해 있다는 것을 확인시켜 주었다. 한마디로 안정된 지반 위에 있는 문명과 그렇지 못한 문명 사이에는 근본적으로 지질학적인 불공정이 발생할 수밖에 없다는 것이다. 위험한 지반 위에서 살아가는 국가들은 그들의 역사와 생활 속에서 이미 그 위험들과 함께해 왔다. 이런 자연적 재해에 위협받는 국가와 경제적, 정치적인 인재로 위협받는 국가는 근본적인 차이가 있다. 인류 전체의 시각에서 일종의 집단적 자살로 귀결된 제

1차 세계대전이 끝났을 때 프랑스의 위대한 시인 폴 발레리는 다음과 같이 말했다. "우리 문명은 이제부터 우리가 죽을 수 있다는 사실을 알게 되었다." 하지만 일본인들은 그들의 열도가 부서지기 쉽다는 것을 이미 오래전부터 알고 있었다.

우리가 후쿠시마 사태를 목격한 그날 이러한 차이는 아주 명백하게 드러났다. 일본인들은 서구인들로서는 상상하기 힘들 정도로 매우 침착했다. 그들의 모습은 인간의 숙명이나 자연의 힘에 대한 존경, 기술적 성취가 인간으로 하여금 망각하게 한 체념의 양식을 조용히 증언해 주었다. 일본은 세계인들이 부러워할 만큼 기술적 발전을 이루었지만 정작 그들은 기술과 인간의 진보를 동일시하지 않는다. 후쿠시마의 재앙을 통해 일본인들은 그들이 서구인들보다 기술에 덜 집착함을, 기술 영역에서 근본적으로 더 현명하다는 사실을 보여 주었다. 그러므로 이 재앙은 서구보다 더 공업화된 일본을 통해 우리에게 언뜻 비슷해 보이는 문명들이 사실은 얼마나 다른지, 그들의 대화가 얼마나 험난한 길인지 예감하게 했다. 서구의 많은 언론들은 일본인들의 수동성에 충격을 받았고, 그들의 그러한 모습을 이해하려고 했다. 하지만 이해받아야 하는 것은 일본인들이 아니라 바로 유럽 자신이었다. 그들은 자신들의 잣대로 일본을 평가했기 때문이다. 일본인들의 관점에서 그것은 수동성과는 아무 상관없었다. 단지 재난에 대해 서구와는 다르게 접근했을 뿐이었다. 이것이 내가 문화적 대화를 주장하는 이유다. 이러한 문화적 대화는 서로의 오해를 방지하고 차이점을 이해하게 할 것이기 때문이다.

문화 다양성과 국제적 균형

문화 다양성은 전 세계 각지에서 다양한 형태로 표출되고 있다. 가장 최근의 예로 2011년 1월 브라질의 지우마 호세프 대통령의 당선을 들 수 있을 것이다. 브라질은 해마다 민주적, 경제적 영향력을 확장해 가고 있는 나라지만 내부적으로는 여전히 저개발과 문화 융합의 문제를 가지고 있기도 하다. 그런데 이 나라에서 처음으로 여자 대통령이 당선된 것이다. 또 다른 예로 2011년 5월부터 10월까지 개최된 상하이 국제박람회를 통해 전 세계에 과시된 중국의 힘을 들 수 있을 것이다. 한편 2010년 7월에는 역사상 처음으로 아프리카에서 월드컵이 개최되었다. 같은 해 걸프 연안의 나라들은 그들의 정치적 무명으로부터 벗어나기 위해 모든 노력을 경주했다. 두바이는 세계에서 가장 높은 828미터의 부르즈 할리파를 건설했고, 카타르는 자신들의 정보 채널인 알 자지라를 통해 '아랍의 봄'에 상당한 영향력을 미쳤다. 그리고 그들은 2022년 월드컵 개최지로 선정되기도 했다. 우리는 이런 예를 수도 없이 찾아낼 수 있을 것이다.

여기서 내가 강조하고자 하는 것은 다극화 현상이다. 오늘날은 모든 것이 워싱턴과 모스크바의 경쟁 관계로 요약되던 30여 년 전과는 확연히 다르다. 제국주의적 유럽이 전 세계의 중추신경계 역할을 하던 50여 년 전과는 더더욱 다르다. 역사적으로 아프리카와 중동이 세계의 중심 무대가 된 적이 있었다. 그러나 그들 사이에 소통은 없었다. 그래서 결국 그들의 역동성은 상호적으로 증진되지 못했다. 유럽 또한 그들에 대해 잘 알지 못했다. 그들은 마치 존재하지 않은 것처럼 여겨졌다. 그래서 유럽인들은 새로운 활동지를 개척하기 시작했다. 이것이 바로 '백인들의 책임' 이론이다. 유럽인들의 관점에서 아프리카와 중동은 쇠퇴의 길에 들어섰으므로 그들이 재기할 수 있도록 도와줘야 한다는 이론이다. 이런 생각은 남북문제로 확대되어 탈식민지화 후에도 지속되었다. 하지만 오늘날은 상황이 많이 변했다. 세상 모든 곳에 활동의 중심지가 있다. 특히 브라질과 러시아, 인도, 중국 등 네 개의 새로운 강대국, 즉 브릭스(BRICs)의 출현이 그것을 증명한다. 결론적으로 세상은 실제적으로 다극화 세계가 되었다.

그러나 세상이 다극화되었기 때문에 국제적 질서는 한층 이질성이 높아졌다. 과거 식민지 시절에는 두 주요 제국주의 국가였던 영국과 프랑스가 모든 경제적, 정치적 충돌에서 경쟁 상대가 되었다. 그다음으로 찾아온 냉전 시대에는 이데올로기가 세상을 이해하는 수단이 되었다. 모든 것은 자유 진영이던 미국과 사회주의 진영이던 소련 사이의 충돌로 요약되었다. 심지어 1955년 인도네시아 반둥 회의에서 탄생한 제3세계 비동맹마저 미국과 소련이라는 이분법을 초월하는 데는 실패했다. 워싱턴과 모스크바의 선택을 거부한 알제리와 유고슬라비아 그리고 북한이 실상은 사회주의를 옹호하는 쪽으로 기울었다는 것을 모르는 사람은 없었다. 그러나 오늘날에는 상황이 많이 바뀌었다. 비록 아직까지 미국이 군사력과 우주 개발력에 있어 막대한 권한을 행사하고 있기는 하지만 말이다. 특히 또 다른 강대국으로 성장한 중국은 전 세계를 상대로 자신의 이익과 문화, 언어를 이해하도록 강요하며 미국에 맞서고 있다. 어쨌든 이런 신흥 강대국들은 자유 경제를 지향하며 모든 국가는 통치권의 개념에서 동등하다는 유엔의 기치 아래 집결해 있다.

결국 예전처럼 명백한 경계선들은 많이 사라졌다. 하지만 오늘날에는 더 많은 주체들이 공존하고 중첩되면서 때때로 모순적인 공동의 경계선은 더 늘어났다고 할 수 있다. 예를 들어 인도와 파키스탄, 2008년 이후의 북한이 새로운 핵보유국으로 부상했다 할지라도 오랜 핵보유국들의 위계질서는 여전히 존재한다. 거기에 군사 강대국 못지않은 힘을 자랑하는 경제 대국인 독일과 일본이 핵심적인 위계질서를 형성하고 있다. 한쪽에는 G8이나 G20, 다보스포럼으로 대표되는 경제 대국들이, 다른 쪽에는 반세계화를 설파하는 개발도상국들이 있다. 나는 여기서 경제적인 이유와 함께 정치적인 이유로 스포츠가 국제적 위계질서의 중요한 요소로 자리 잡았다고 생각한다. 많은 나라들이 자신의 경제력과 국가 위상을 뽐내기 위해 국제 스포츠 행사를 개최하려 한다. 사람들은 종종 스포츠가 배타적인 민족주의자들의 폭력성을 자극한다고 비판한다. 그러나 훌리건의 난입을 제외하면 스포츠는 보다 일반화되고 체계화된 제식적인 충돌이라 생각한다. 게다가 이 경쟁은 어쨌든 매년 승자가 바뀌지 않는가. 몇몇 강대국들의 경우는 물론 많은 메달을 획득하는 것이 제일의 목적일 것이다. 하지만 아프리카나 중동 국가들은 이런 대회에 참가하는 데 목적이 있다. 곧 세계적인 행사에 그들도 당당히 입장하고 싶은 것이다. 스포츠 행사를 정치적으로 이용한다는 비판에도 불구하고 스포츠는 국가들 간의 소통을 이뤄 낸다. 스포츠 외에도 교육적 성취도나 인구 통계, 나아가 국가 행복 지수와 같은 것들이 국가들을 분류하기도 한다. 히말라야의 작은 왕국 부탄의 경우 국가 행복 지수에서 최고 점수를 기록했다. 결국 질서라는 것은 매우 다양하다. 제국주의 시대나 냉전 시대에 초강대국들이 세운 국제적 위계질서는 점차 설 자리를 잃고 있다. 대신 모든 국가가 좀 더 수평적으로 다가가고 있다.

이런 상호 의존적인 관계가 가진 특징 중 하나는 서로가 서로에게 점차 더 크게 영향을 미친다는 것이다. 우리는 냉전 시대에 이것을 도미노이론으로 설명한 적이 있다. 워싱턴이 보기에 모든 사회주의국가는 자신의 이웃 나라를 전염시킬 위험이 있다. 사회주의 진영이 자유주의의 전염으로부터 자신을 보호하기 위해 '철의 장막'을 구축하는 동안, 워싱턴은 공산주의에 대한 제방을 높이 쌓았다. 그리고 이 벽들은 서로 간의 전염을 막았다. 하지만 오늘날에는 DMZ를 제외하고 세상의 모든 벽이 허물어졌다. 2008년 미국의 재정 위기는 유럽과 아시아를 시작으로 전 세계에 그 여파가 미쳤다. 그리고 지금은 그리스에서 시작된 부채 위기가 스페인과 이탈리아를 거쳐 마침내 프랑스에도 도착하고 있다. 이 위기는 나아가 유럽연합의 구조를 파괴할지도 모른다는 두려움을 양산하고 있다. 그러나 우리는 이러한 경제적인 전염뿐만 아니라 정치적, 종교적 전염도 언급해야 할 것이다. 현재 유럽에는 각 나라마다 극우적 포퓰리즘 정당들이 활동 중이다. 이들은 유럽 의회에도 진출해 있다. 그리고 중동에서는 무슬림형제단이 많은 나라들에게 이슬람 원리주의를 전파하고 있다. 많은 국제 공동체들이 이라크의 쿠르드 자치 정부 수립을 반대했으며, 그러한 시도가 이슬람 강대국인 터키 같은 이웃 국가와의 균형 문제를 위협할 수 있다고 두려워하고 있다.

결론적으로 세상이 다극화되면 될수록 우리들은 서로 상호 의존적으로 바뀔 수밖에 없다. 누가 강제적으로 그렇게 시키는 것이 아니라 경제적, 사회적, 군사적 필요에 의해서다. G8과 IMF, 세계은행 그리고 세계무역기구 등의 국제 공동체들은 전 세계적 경제 위기를 관리하기 위해 노력하고 있다. 그런 점에서 2012년 6월의 리우데자네이루 정상회담은 생태학적 관리의 기폭제로 작용할 것이다. 하지만 우리는 여전히 문화의 정체성 문제를 이야기하기 위한 포럼을 성사시키지 못하고 있다. 세계화의 안정에는 그만한 대가가 따른다. 날이 갈수록 서로가 서로에게 막강한 영향력을 미칠 수밖에 없는 오늘날 문화의 정체성에 대한 논의는 문화 간의 무질서와 불협화음, 나아가 전쟁을 예방하는 효과를 나타낼 것이다. 예전의 제국주의와 이데올로기가 지배하던 시기에는 마치 이것들이 서로 다른 문화를 초월하게 해 주는 것처럼 보였을 것이다. 하지만 우리는 그것이 사실이 아님을 눈으로 확인했다. 지금 우리는 국제적 관계 다양성이라는 토대 위에 있어야 할 것이다. 서로 다른 문화 간의 대화는 그것이 확보되었을 때 비로소 가능할 것이다.

아랍의 봄, 불통의 증거

'아랍의 봄'은 오늘날 우리에게 가장 필요한 것이 문화 간 대화임을 말해 준다. 2011년 1월 14일, 튀니지의 독재자 벤 알리의 추락으로 촉발된 급작스런 정치적 열망은 이후 이집트로 옮겨 가 그로부터 약 한 달 후인 2월 11일 무바라크 대통령을 축출시켰다. 불길은 다시 리비아로 번져 2011년 2월의 첫 시위 이후 3월의 국제 개입, 그리고 10월 20일 독재자 카다피의 비극적 죽음으로 귀결되었다. 이후에도 이런 열망은 이웃 이슬람 국가들에 영향을 미쳤다. 모로코와 요르단, 쿠웨이트, 바레인, 예멘에 이어 지금까지도 학살과 내전이 계속되는 시리아가 바로 그들이다. '아랍의 봄'에 대해 내가 관심을 갖는 이유는 이런 운동이 이슬람 세계에 서구적 의미의 민주주의 탄생을 가능케 할 것인가 하는 궁금증 때문이 아니다. 오히려 나는 어째서 우리 정부나 세계적인 언론 매체, 심지어 학자들마저 이런 현상을 예측하는 데 실패했는지가 궁금하다. 이는 분명한 불통의 증거다.

우리는 중동과 아프리카와 오래전부터 교류해 왔다. 50여 년 전까지 이들 지역 대부분은 서구의 식민지였으며 오늘날에는 이들의 국가와 언어, 문명, 경제, 정치 사회학에 걸친 여러 전문가들이 있다. 아울러 현지 연구원이나 엔지니어, 협력관 등과 같은 많은 인력을 보유하고 있다. 이들 나라로부터 건너온 수백만의 이민자들 또한 그들 본국과 접촉을 유지하며 유럽에 정착해 살고 있다. 그럼에도 불구하고 우리는 도대체 그곳에서 어떤 일이 일어날지 전혀 예견하지 못했다. 유럽의 정치권과 언론, 여론은 그들 독재자들의 권력이 견고하다고 믿어 왔으며 그들로부터 의심스러운 이득을 취하기도 했다. 우리는 이집트의 무바라크와 리비아의 카다피의 아들들이 시리아의 경우처럼—현 시리아 대통령 바샤르

알 아사드는 전직 대통령 하페즈 알 아사드의 아들이다—세습적
권력을 승계할 것이라 예상했다. 그런데 우리들의 예상은 보기
좋게 빗나가 버렸다. 바위 같던 우리의 생각은 단 몇 주 만에 차
례차례 모래성처럼 붕괴되고 말았다.

　이런 불통을 설명하기 위해 두 가지 가설을 내세울 수 있을
것이다. 첫째, 우리는 그들 국가들을 이해하는 데 충분한 노력을
기울이지 않았다. 그곳의 지식인이나 젊은이들과 그들의 다양성
에 대해 충분한 대화를 나누지 못했다. 그러나 이제라도 늦지 않
았다. 50여 년 전에 있었던 탈식민화 과정에서 알제리의 독립전
쟁이 이미 우리들에게 보여 주듯 오늘날보다 더 관계가 깊었던
경우에도 그들을 이해하는 데 어려움을 겪었다. 그리고 이후 우
리는 그들을 이해하기 위해 더 많은 노력을 기울였어야 했음에도
그렇게 하지 않았다. 그들이 독립하자 우리는 그들에 대한 투자
를 중단해 버렸다. 이것은 무척 잘못된 결정이었다. 우리는 그들
과 대화를 나누고 의견 충돌을 조정했어야 했다.

　둘째, 우리가 '아랍의 봄'을 예견하지 못했던 것은 어쩌면 그곳
의 변화를 원치 않았기 때문일지도 모른다. 굳건한 독재자들이
통치하는 이들 국가는 두 가지 측면에서 유럽에게 이점이 있다.
첫째는 결과적으로 그것이 식민지를 정당화하는 수단이 된다는
것이다. 알제리와 모로코, 튀니지, 리비아, 이집트 등의 탈식민화
과정은 민주적이지 않았다. 그들은 독립하자마자 곧바로 독재자

의 수중에 떨어졌다. 이 사실은 그들이 본질적으로 민주주의에 적합하지 않다는 증거로 해석되었다. 즉 누군가 그들을 힘으로 점령하면서 그들이 민주주의를 원치 않았기 때문에 주권을 박탈했다고 주장할 수 있다는 것이다. 둘째는 유럽은 이들 독재 권력이 이란에서 시작된 이슬람 근본주의 물결에 대항하는 성벽 역할을 한다고 믿는다는 것이다. 사실 유럽은 이들 독재자들이 자신의 권력을 유지하기 위해 이런 생각을 이용한다는 사실은 모른 채 단지 그들이 이슬람 근본주의에 비해 덜 악한 존재라고만 생각했다. 우리는 이런 생각을 바꾸기를 원치 않았고 이런 잘못된 생각을 바꾸게 할 그들의 혁명적 움직임을 경고하는 목소리들에도 귀 기울이지 않았다.

'아랍의 봄'은 이런 확실성을 적잖이 흩어 놓았다. 우리는 그들이 수십 년간 지속돼 온 독재를 무너뜨리고 그들만의 민주주의를 시작하는 것을 보게 되었다. 그것은 자유를 위해 흘렸던 그들의 피에 대한 보상이리라. 우리는 아랍 국가의 국민들에게 더 이상 독재는 어울리는 것이 아님을 알게 되었다. 또한 이슬람이 민주주의와 양립할 수 없는 극단수의를 의미하는 것이 아님을 알게 되었다. 지금 지구상에는 자유민주주의와 이란 식(式) 신권주의라는 극단의 두 체제 사이에 존재하는 대체적인 형태의 시스템이 있다. 물론 모든 것이 우리가 생각하는 것만큼 단순하지는 않겠지만, 분명 우리가 지금껏 아랍 국가들에 가졌던 생각을 뒤엎는 것이었다.

　나는 또한 서구에서 발생한 여론과 언론에 대한 저항도 주목하고 있다. 처음 '아랍의 봄'이 유럽에 전해졌을 때는 이것이 마치 민주주의의 거대한 세기적 희망인 양 소개되었다. 그리고 나중에는 '아랍의 봄'이 '민중의 봄'이라 불리는 1848년 유럽 혁명의 물결을 이어 생겨났다고 말하기도 했다. 하지만 2011년 여름 이후 상황은 또다시 변했다. 우리는 지금 '아랍의 가을' 혹은 '아랍의 겨울'의 전조를 목격하고 있다. 민주주의의 실패가 남긴 빈 공간에 이슬람 원리주의 독재 권력이 나타나기 시작한 것이다. 비록 아직 그들이 정치적으로 아무것도 수행하지 않았다 하더라도 아랍 국가들의 운명은 독재 권력이라는 선입견이 다시 생기게 만든 것은 분명하다. 특히 시리아의 경우가 그렇다. 사람들은 국민을 학살하는 대통령 바샤르 알 아사드를 쫓아내자고 한다. 좋다! 그런데 누구로 대체할 것인가? 우리가 주장하는 것이 시리아를 새로운 이란으로 만들 위험은 없는지 고민해야 한다. 문제는 언제나 똑같은 분석 틀을 적용하는 데서 발생한다.

불통과 민족주의

세계화가 진행될수록 문화 간 불통은 점차 증가하고 있다. 이런 현상은 불통의 위험을 증가시키는 요인들이 더 많아지고 있다는 점에서 이해할 만하다. 통신 기술이 발전함에 따라 세계 각지에서 일어나는 일들은 더 빨리 다른 문화권으로 전해지고, 이런 일이 지속됨으로써 우리는 새로운 상황의 내용을 이해하기도 전에 또 다른 사건들과 맞닥뜨리게 된다. 게다가 이런 식의 정보 접근은 정보에 대한 거리 두기를 불가능하게 한다. 이런 불통은 매우 심각한 결과를 초래하기 마련이다. 나는 오늘날 유럽에서 극우 정당이 가공할 영향력을 발휘하고 있는 것 역시 바로 이때문이라고 확신한다. 유럽의 대표적인 극우 정당으로 1980년대에 돛을 올린 이탈리아의 '국가동맹', 프랑스의 '국민전선', 벨기에의 '블람스 벨랑(플랑드르의 이익이라는 뜻-옮긴이)', 네덜란드의 '리스트당', 오스트리아의 '자유당'은 물론이고, 스칸디나비아 반도에 있는 덴마크의 '국민당', 노르웨이의 '진보당', 핀란드의 '진정한 핀란드인 정당'이 있다. 또한 과거 공산주의 국가들 중에서 헝가리의 헝가리 시민 연맹, 그리고 최근 경제 위기에 빠져 있는 그리스의 '황금새벽당' 등이 있다. 이들은 단지 존재하는 것을 넘어 급속도로 세력을 확장하고 있다. 사람들은 경제 위기로부터 이들의 출현 원인을 찾고자 한다. 이들을 지지하는 사람은 대개가 세계화를 거부하는 사람들이고 세계화에 항의하는 수단으로 민족주의적인 그들에게 투표한다고 생각한다. 그러므로 그들의 행위는 단순히 세계화에 대한 반작용이자 항의의 표시일 뿐이라고, 그래서 이런 피상적이고 충동적인 행위는 결국 정당하지 않은 것이라고 치부한다. 물론 이런 평가가 완전히 잘못된 것은 아니지만, 나는 이런 분석이 극우 정당의 급부상을 설명하기에는 부족하다고 판단한다.

내가 보기에 문제의 핵심은 다른 데 있다. 극우 정당의 부상은 문화 정체성에 대한 부인, 더 정확히 말하면 그것에 대한 국가적 논의의 부재와 관련된 것이다. 그리고 이것은 민족주의를 부인한다고 해서 해결되지 않는다. 민족주의를 부인한다는 것은 본질적으로 타자와 자신의 차이를 부인하는 것이고, 이런 시각은 오히려 그 차이를 더 부각시킬 뿐이다. 때문에 우리가 고려해야 하는 것은 민족주의 그 자체가 아니라 서로 다르다는 것에 대해 이야기할 수 있는 가능성을 열어 두는 것이다. 유럽인들에게 국가와 국민이라는 정체성 문제는 꽤나 오래 지속된 의심의 역사다. 이는 나치즘 같은 충격적인 재앙을 떠올려 봤을 때 충분히 이해가 될 것이다. 유럽인들은 제2차 세계대전 이후 정해진 국기나 국가 그리고 전통적인 국가 기념일을 제외하고 모든 국가적 정체성과 연관된 상징을 두려워했다. 정부나 지식인들, 언론 매체들 또한 그것에 대해 언급하기를 주저했다. 그들은 집단적, 혹은 국가적 정체성 문제를 마치 완전히 잘못된 것처럼 조롱했다. 정체성에 대한 유럽인들의 침묵에는 두 가지 원인이 있다. 첫째 원인은 유럽인들이 역사적으로 너무나 혹독한 민족주의를 경험했기 때문이다. 그런 나머지 그들은 정체성에 대한 모든 의견이나 심지어 애국주의나 국가적 우월성에 대한 홍보마저도 의심하고 믿지 않았다. 그런 것들을 모두 전쟁이나 파시즘의 부활로 치부한 것이다. 두 차례의 세계대전과 나치즘의 공포가 유럽인들에게는 다른 대륙의 국가들에서는 찾아보기 어려울 정도의 반(反)민족주의 정서를 심어 놓았다.

둘째 원인은 역설적이지만 유럽연합의 결성을 들 수 있다. 나는 유럽연합의 지지자임을 자랑스럽게 생각한다. 나는 유럽연합을 옹호한다. 두 차례의 세계대전을 겪은 유럽은 이제 경제적 풍요와 평화의 중심지로서 세계 각지의 모든 지역적 공동체 구성의 핵심적 기초 모델이 되었다. 유럽연합은 냉전에 의해 오랫동안 분리된 동유럽 국가들을 통합하는 단계에 이를 정도로 역동적이다. 제2차 세계대전의 폐허 위에서 구성된 유럽연합은 국가적, 문화적 정체성이 문제가 되는 것을 방지하고자 모든 노력을 기울였다. 국가적 정체성을 지지하는 이들을 억압하고 그들의 관점과 의견 충돌이 있을 경우 그 정체성의 문제를 우회하고자 끊임없이 노력했다. 이것이 바로 유럽이 경제적 협력을 주목적으로 선택한 이유이며 원칙적으로 경제적으로 확장된 이후에만 도달할 수 있는 문화적, 정치적 문제는 뒤로 미루었던 이유다. 유럽은 다수 국가의 연방이 되는 대신에 어떤 문화적 조성이나 정체적 특색 없이 무균적인 기술관료주의적 초거대 구조에 자리 잡았다. 특히 유럽은 종종 이해 당사자의 의견에 반대되는 규제의 조화, 국경의 제거, 단일 통화와 같은 전통적 개체주의의 역동성을 확장했다. 이론적으로 유일하게 보존된 개체주의는 언어적 다양성일 것이다. 유럽은 27개 회원국 대표로 이루어지고 각각은 자신들의 언어를 표현할 수 있으며 다른 모든 언어로 번역된다. 그러나 실제로 유럽연합의 행정을 담당하는 유럽 위원회에서는 오직 세 가지의 언어, 즉 독일어, 프랑스어, 영어만이 존재하며 일상적인 수준에서는 오직 영어만이 존재한다. 서로가 서로에 대한 문화적 차이점을 인식하고, 다루며, 상호적으로 만드는 대신에 유럽연합은 실제적으로 차이점을 심화시키는 초국가적, 비문화적 모델을 가지고 문화적 차이점과 정체성에 대항하며 지금까지 우회하고 있다. 그 결과는? 유럽에서 창궐하고 있는 모든 극우파 민족주의, 즉 포퓰리즘 정당들은 자신들이 유럽 의회에 진출해 있음에도 불구하고 한결같이 반(反)유럽연합을 외치고 있다.

　지금부터 이야기하고자 하는 벨기에와 동유럽의 예는 다소 충격적이다. 벨기에는 두 문화로 나뉘어 있다. 벨기에 북서쪽 플랑드르 지방은 매우 보수적이며 가톨릭을 믿고 네덜란드 방언을 쓰는 반면, 남동쪽 왈롱 지방은 자유적이며 진보적이고 프랑스어를 쓴다. 왈롱 지방은 오랜 시간 동안 정치적, 경제적으로 지배적인 위치를 누려 왔다. 때문에 플랑드르 지방은 왈롱 지방에게 늘 동등한 지위를 요구해 왔고, 결국 제2차 세계대전의 종료와 함께 그것을 획득하게 되었다. 그러나 이후에 진행된 유럽 통합은 역설적이게도 이 두 지방 사이의 긴장을 늦추기는커녕 오히려 악화시켰다. 유럽 연방이 된 벨기에는 오늘날 갈등이 거의 폭발 직전의 수준에 이르렀다. 2010년 6월에서 2011년 12월까지 1년 반이 넘는 기간 동안 벨기에 국왕 알베르 2세—벨기에는 입헌 군주국이다—는 정부 구성을 이룰 수 없었다. 선거가 끝나고는 한참 동안이나 일종의 무정부 상태가 되었기 때문에, 결국 이전의 정부가 한동안 나라 살림을 꾸려 나가야만 했다. 이러한 사태의 원인은 어디에 있는가? 그것은 다름 아닌 플랑드르 지방이 유럽연합의 구성을 자신들의 정체성 회복을 방해하는 일종의 위협으로 받아들였다는 데 있다. 실제로 벨기에의 수도 브뤼셀은 플랑드르 지방에 속해 있으며 구성원 대다수가 플랑드르 출신이었다. 그런데 유럽연합의 행정부가 이곳에 들어선 이후로 그들은 이 도시를 떠나게 되었고, 지금은 겨우 25퍼센트만이 그곳에 거주하고 있다. 결국 플랑드르의 최대 극우파 정당이자 벨기에 제1당인 블람스벨랑은 오늘날 반(反)왈롱, 반(反)유럽주의를 지향하고 있다.

동유럽에도 이와 유사한 상황이 벌어지고 있다. 베를린장벽 붕괴 후 동유럽 국가들은 유럽연합에 통합되었고 그들로부터 미래의 희망이라 불렸다. 그러나 그들 입장에서 유럽연합의 등장은 이제 막 소련의 통제로부터 벗어나 자신들의 정체성을 구축하려던 찰나에 다가온 또 다른 단일화의 한 형태였다. 결국 그들은 폴란드의 경우처럼 미국식 신자유주의에 의해 초래된 실망만 얻거나 빅토르 오르반 총리의 헝가리처럼 악화된 극우적 민족주의로 나아가게 되었다. 평화와 번영의 상징이던 유럽은 문화적 관점에서는 여전히 성공을 거두지 못하고 있다. 만약 유럽이 문화적 소통에 계속 실패한다면 극단주의자들은 계속해서 양산될 것이다.

정체성 문제가 인종차별주의와 테러리즘을 정당화하는 데 사용될 가능성도 있다. 그렇다고 그것에 대해 아예 논의조차 하지 않는 것은 매우 위험한 일이다. 정체성 문제가 가진 역사적 배경을 거부하고 단지 그것은 나쁜 문제라고 치부하며 이 문제를 제기하는 사람들과 대화해 볼 생각조차 하지 않는 것은 소통의 어려움을 증가시킨다. 이는 결국 영원한 불통의 길로 들어서는 것이다. 정체성에 대한 논의를 막으면 막을수록 그에 대한 욕구는 더 커질 것이다. 정체성을 소중히 여기는 사람들은 먼저 국회나 언론과 같이 일반적인 표현 수단을 이용할 것이다. 그런데 그런 표현 수단이 용의치 않을 경우 그들은 증오와 폭력이라는 극단주의적 방법도 고려해 볼 것이다. 욕구가 충족되지 않는 이상 그들은 모든 방법들을 다 동원할 수도 있을 것이다. 이런 식으로 극우파 정당은 성공가도를 달리고 있다. 우리의 생각과는 달리 극우파 지지자들의 상당수는 실업자들이 아니라 중산층이다. 유럽의 극우파 정당은 2008년 경제 위기 이전에 이미 대중화되었다. 특히 프랑스의 경우 국민전선의 전(前) 당수 장 마리 르펜의 인기는 대통령 선거 2차 결선에 진출했던 2002년 최고조에 달했다. 극우 정당의 성공이 경제 세계화가 큰 성공을 거둔 1980년대에 이미 시작했다는 견해도 있다. 어쨌든 극우 정당의 득세는 결코 경제 위기에 의한 것이 아니다. 보다 근본적으로는 소통의 문제와 관련되어 있다. 일반 대중은 자신들의 문화적 토대와 정체성이 위협받고 있다고 생각한다. 그래서 그것이 사실이든 아니든 그것에 대해 논의하고자 한다. 하지만 일반 정당이나 언론은 그러한 요구를 수용하지 못했다. 정체성에 대한 그들의 의견(혹은 의혹)은 입 밖으로 나오기도 전에 묻혀야만 했다. 결국 이러한 요구를 받아 안은 것이 극우 정당들이다. 그들은 거부당한 모든 이들의 요구를 받아들였다. 1972년 장 마리 르펜에 의해 설립된 프랑스 극우 정당 국민전선이 점증하는 마그레브(프랑스 식민지였던 북아프리카의 세 나라 모로코, 알제리, 튀니지를 총칭-옮긴이) 출신 이민자들 문제를 고발하기 위해 제기한 슬로건 중의 하나가 바로 "프랑스인들이 속으로는 생각하지만 감히 입 밖에 내놓지 못하는 것들을 장 마리 르펜은 소리 높여 주장한다."였다. 이것은 명백하게 소통의 문제에 관련된 것이다. 오랜 정치 활동 기간 동안 장 마리 르펜은 나치즘과 반(反)유대주의를 암시함으로써 유명해졌다. 심지어 텔레비전 인터뷰를 통해 천만 명의 목숨을 앗아간 유대인 수용소는 제2차 세계대전의 지엽적 문제일 뿐이라고 공표함으로써 법원으로부터 유죄 판결을 받은 바 있다. 물론 장 마리 르펜의 반(反)유대주의적, 친(親)나치적인 신념이 무엇이든 그것 자체가 중요한 문제는 아니다. 중요한 것은 그가 언론의 관심을 증폭시키는 데 성공했다는 것이며, 온갖 스캔들을 만들어 언론이 그의 정치적 테제에 들어서도록 만들었다는 것이다. 결국 장 마리 르펜의 극단주의는 일반 대중에게 일종의 연단을 만들어 주었으며, 이것이 바로 그의 지지자들이 그를 높이 평가하는 이유다.

유럽의 다른 극단주의 정당들도 이를 모델로 삼아 유사한 전략을 구사하기 시작했다. 정당 지도자는 온갖 도발을 일삼고 있다. 그들은 특히 전통적인 정치인이나 대중매체들이 사용하지 않는 매우 천박한 언어를 사용한다. 이것은 마치 어린아이들이 부모와 친구들의 관심을 끌기 위해 상스러운 언어를 사용하는 것처럼 저급한 방식이지만 전략적으로는 유효하다. 이 중 가장 심각한 것이 나치즘에 대한 똑같은 암시다. 물론 나치즘은 신(新)나치주의에 동조하는 반(反)사회적이고 폭력적인 과격파 집단에서나 존재한다. 가끔 사람들이 스트레스나 좌절감으로 인해 '히틀러 만세'라고 말하는 것은, 실제로 그들이 나치주의자이기 때문이 아니라 그저 '염병할'이라고 말하는 것과 같은 것임을 알아야 한다.

어쨌든 이런 사실은 그리스의 극우 정당 황금새벽당이 놀라운 성공을 거둔 이유를 일정 부분 설명해 줄 수 있다. 히틀러의 생각을 공개적으로 따르는 황금새벽당은 2012년 5월에 실시된 선거에서 300개 선거구 중 7퍼센트에 해당하는 21개 의석을 차지했다. 정당 역사상 단 한 석도 차지한 적이 없는 군소 정당으로서는 충격적인 성공이 아닐 수 없다. 히틀러의 독일이 그리스를 점령했을 당시 그리스 저항 세력이 보여 준 용맹함과 1967년에서 1974년 사이의 군사 독재에 맞선 투쟁의 역사를 상기할 때, 유권자들이 모두 신나치주의자라고는 생각되지 않는다. 아마도 황금새벽당에 투표한 그리스인들은 아무런 약속도 없이 그들의 운명을 좌지우지하고 있는 유럽연합에 어떤 목소리를 내고자 했을 것이다. 만약 우리가 그리스인들에게 표현할 기회를 주고, 그들의 의견과 두려움을 인식했더라면 지금의 황금새벽당은 존재하지 않았을 수도 있을 것이다. 만약 우리가 지금 극단주의적 정당들이 독점하고 있는 정체성과 관련된 논의들을 수면 위로 끌어 올릴 수 있다면 그들의 영향력 또한 현저히 줄어들 것이다. 이들 정당과 지도자들은 지금과 같은 불통의 상황으로부터 어떤 이득을 취하고 있다. 소통은 모든 문제의 핵심이다. 우리가 진정한 소통을 구축한다면 이런 정당들이 설 자리는 없을 것이다.

또한 테러분자들의 무장해체만큼이나 중요한 것은 그들을 대화의 장으로 이끄는 것이다. 미국은 2011년 5월 오사마 빈 라덴을 제거하는 데 성공했다. 2001년 9월 11일 세계무역센터 사태 이후 그만큼 충격적인 테러는 더 이상 발생하지 않았다. 그러나 테러리스트들은 이슬람 세계의 국경선이자 정치적, 종교적 충돌에 있어 미국의 대척점이라 할 수 있는 아프가니스탄과 파키스탄, 이라크 등에서 여전히 활동하고 있다.

이쯤에서 나는 지난 2011년 6월 노르웨이에서 발생한 비극적인 일에 대해 이야기해야겠다. 인종차별주의자이자 극단주의자였던 안데르스 브레이빅에 의해 자행된 테러 말이다. 이 불행한 사건은 전 세계에 걸친 테러리즘의 일상화를 대변한다. 정치적, 종교적 극단주의가 테러를 사용했던 것처럼 다른 종류의 모든 극단주의 또한 테러를 사용하고 싶어 한다는 것이다. 우리는 여기서도 세계화를 특징짓는 전염의 효과를 발견한다. 오슬로 학살은 또한 테러리즘이 오직 이슬람만의 현상은 아니라는 것을 보여준다. 또한 1995년 연방 정부에 적대적인 극우파 민병대원 티모시 맥베이에 의해 자행되어 200여 명의 목숨을 앗아 간 오클라호마 폭파 테러를 기억해 보자. 이것은 테러와 폭력을 저지르는 문화와 믿음, 종교는 정해져 있지 않다는 것을 의미한다. 빈 라덴이 있는 이슬람과 종교재판이 있는 기독교, 이 둘 중 어떤 문화가 더 테러에 가깝고 먼가? 죽음의 욕구는 문화적 기원이 아니며, 불통의 상황이 만들어 낸 결과일 뿐이다.

불통과 문화 산업

나는 문화 간 대화의 세계화를 연구하고 옹호하지만 최근 들어 소통보다는 불통에 기여하는 것처럼 보이는 소통 산업의 역설적인 문제에 더 많은 관심을 쏟고 있다. 정보 기술은 발전하고 다양화되고 있지만 이를 통해 전해지는 메시지는 그렇지 못하다. 기술이 발달할수록 좀 더 다양한 시도와 관점이 발견되어야 하는데 오늘날의 상황은 오히려 정반대인 것 같다. 모든 곳에 지속적으로 정보를 제공해야 하는 정보 연결망들 사이의 경쟁과 그들의 영속적인 허기증은 위험을 최소화하는 방향으로 흘러가고 있다. 프랑스의 위대한 작가 알렉상드르 뒤마를 예로 들면 그는 채무를 변제하기 위해 일련의 수준 낮은 작품을 출간했고 그 결과 그는 그의 독창성과 독자 모두를 잃고 말았다. 『삼총사』가 매번 나오는 것은 아니었다. 나는 문화 산업체들이 처한 문제가 이와 유사하다고 생각한다. 그들은 대중과 좀 더 많이 만나기 위해 똑같은 메시지를 기계적으로 전송한다. 그러나 수신자들이 듣고 싶어 하는 메시지만 전송하는 것은 소통이 아니다. 그것은 쓸데없는 일이거나, 민중을 선동하는 일이다. 2011년에 발생한 일련의 사건들은 내가 지속적으로 주장한 바를 보여 준다. 2011년에는 정치적 문제와 후쿠시마 사태 이외에도 언론 매체를 강타한 세 가지 다른 사건이 있었다. 먼저 2011년 4월 수백만의 시청자를 사로잡은 영국 왕세자 윌리엄의 결혼식, 그리고 2011년 5월 호텔 청소부를 성폭행한 혐의로 기소된 전(前) IMF 총재 도미니크 스트로스 칸의 스캔들, 마지막으로 정보 통신 세계의 첫 황금시대를 마감한 애플의 설립자 스티브 잡스의 죽음이다.

각각의 사건들은 현재 우리의 가장 큰 관심사인 역사와 성(性), 과학과 관련돼 있다. 그런 점에서 이 사건들은 다양하고 흥미로운 분석이 나올 것으로 보였다. 하지만 실제로는 전혀 그렇지 못했다. 대중매체들은 전반적으로 동일하고 상투적인 보도를 선호했다. 윌리엄 왕자의 경우 그에 대한 아이러니와 낭만으로 치장했고, 도미니크 스트로스 칸의 경우는 권력 중독의 비극적인 결말로, 스티브 잡스의 경우는 근대성과 진보의 구세주로 묘사한 것이 대부분이었다. 한마디로 대중매체들은 그들의 청중에게 충성하기 위해 권력과 사랑, 죽음이라는 주제를 빌려 매우 고전적이고 비극적인 셰익스피어적 코미디를 가미한 해설에 몰두했다. 그들은 분석 대신 감정을, 진정한 소통 대신 과장된 표현을 선택했다.

이런 사례는 수도 없이 찾을 수 있다. 소통 산업체들은 분석하거나 소통하지 않고 단지 똑같은 정보만을 대량생산했다. 그럼으로써 그들은 정보를 제공하지만 소통은 하지 않는다는 사실을 다시 한 번 입증했다. 앞에서 언급한 세 가지 사례와 관련해 나는 소통 산업체들이 진정한 정보를 제공했는지 묻고 싶다. 그들은 그저 '영국 왕실은 화려하다' '권력은 성적 중독을 수반한다' '이동통신 기기는 우리 근대성의 혁명이다'와 같이 누구나 알고 있는 이야기를 단순 반복하지는 않았는지 묻고 싶다. 상투적이고 정보적 가치가 매우 희박한 정보는 과연 정보인가?

기술 이데올로기와 아랍의 봄

정보와 소통 산업에 관련된 또 다른 불통의 요인은 내가 기술 이데올로기라 명명한 현상에서도 찾을 수 있다. 우리는 끊임없이 성장하는 정보 소통 산업에 대한 비판적 거리 두기를 망각해 버렸다. 재능 있는 정보 기술자이자 탁월한 사업가였던 스티브 잡스의 안타까운 퇴장에 전 세계는 경의와 찬사를 보냈다. 이는 또한 실리콘밸리에 의해 만들어진 기술 이데올로기의 새로운 버전인 '진보의 새 시대'라는 일종의 신화를 완벽하게 보여 준다. 이런 환상은 튀니지에서 시작된 '재스민 혁명'에 대한—'아랍의 봄'은 튀니지에서 시작되어 전 아랍 지역으로 퍼진 혁명 운동을 총칭한 표현이며, '재스민 혁명'은 튀니지의 혁명만 지칭한다—분석에서도 똑같이 발견된다. 우리는 튀니지의 몇몇 인터넷 이용자가 자신의 블로그나 SNS를 통해 혁명과 관련된 소식을 전한 것을 보고 '재스민 혁명'을 성급히 인터넷과 SNS를 통한 혁명이라 이름 지었다. 그리고 이 표현은 삽시간에 전 세계로 퍼졌다. 하지만 진정 이 혁명이 인터넷의 힘을 빌렸기 때문에 민주적이고 근대적인 혁명이 될 수 있었던가? 오히려 문화적인 혁명이었기 때문에 정치적 영향력을 가질 수 있었던 것 아닌가? 이 인터넷 혁명의 신화는 혁명에 대한 실질적 분석에는 아무런 도움도 주지 못했다. 재스민 혁명은 미디어가 아니라 그곳 사람들과 그들의 생각과 그들의 용기가 만들어 낸 것이다. 그렇기 때문에 단순히 인터넷 혁명으로 치부할 것이 아니라 상당히 신중하게 고민되어야 할 문제다. 프랑스 혁명 당시 잡지들이 큰 역할을 수행했던 것은 사실이지만, 우리는 아무도 그 혁명을 '잡지 혁명'이라고 부르지 않는다. 인터넷이 튀니지 혁명에 일정한 역할을 한 것은 사실이지만 혁명 자체를 만들어 낸 것은 인터넷이 아닌 사람이라는 사실을 기억하자.

그리고 마그레브의 실정을 조금이라도 알고 있다면 인터넷 혁명이라는 말 자체가 난센스라는 것을 알 수 있을 것이다. 이집트와 알제리와 마찬가지로 튀니지의 인터넷 연결망은 매우 제한되어 있다. 전체 인구의 약 1퍼센트만이 인터넷을 사용하고 있다. 리비아와 모로코는 더 적다. 그나마도 대도시의 최상류층만이 인터넷을 사용한다고 보면 된다. 게다가 마그레브 사람들의 75퍼센트 정도가 기초적인 읽기와 쓰기가 가능하다고 하지만 실제적으로 과반수 정도는 그것을 사용할 수 없는 실정이다. 우리가 생각하는 것보다 튀니지의 정보 통신 환경은 좋지 않다. 튀니지의 인터넷 이용자가 거의 존재하지 않았던 상황에서 우리는 과연 재스민 혁명을 인터넷 혁명이라 부를 수 있는가? '아랍의 봄'에서도 실질적인 역할을 담당한 미디어는 정보 소통의 새 기술들이 아니라 전통적인 언론 매체인 텔레비전이었다. 그중에서도 특히 많은 시청자를 거느린 알 자지라가 대표적이다. 아울러 거의 모든 아랍 세계에 보급된 라디오가 큰 역할을 했다. 비록 전 세계 모든 사람이 라디오를 소유한 것은 아니지만 집 주변 청과물상이나 카페에서 어렵지 않게 들을 수 있었다. 대도시의 일부 특권층만 사용할 수 있는 인터넷과는 확연한 차이를 지닌 것이다.

하지만 이 혁명이 단지 텔레비전이나 라디오에 의해 전해진 혁명이었다면 서구 언론들의 관심을 그 당시처럼 크게 유발하지는 못했을 것이다. 달리 말하면 튀니지 혁명이 텔레비전 혁명이라고 불렸다면 쳐다보지도 않았을 서구 언론은 이것이 인터넷 혁명이라 명명되자 벌 떼처럼 몰려들어 현대적 혁명이니 정보 기술의 승리니 하고 떠들었다. 인터넷이 사람들의 이목을 집중시키는 역할은 했지만 혁명에서 중요한 것은 인터넷이 아니다. 이는 현대사회가 얼마나 신기술 이데올로기에 얽매어 있는지에 대한 증거일 뿐이다. 결국 마그레브의 현실과는 상관없이 '아랍의 봄'을 인터넷 혁명이라고 한다면 그것은 사람들의 관심을 끌기 위한 분위기에 휩싸인 것밖에 되지 못한다. 혁명의 본질에 대한 탐구는 멀어지고 인터넷과 관련된 기술 이데올로기가 그 자리를 대신할 것이다.

'아랍의 봄'과 관련해 또 다른 흥미 있는 주제는 바로 언어다. 모로코, 알제리, 튀니지 같은 마그레브 국가의 대도시 엘리트나 중산층은 영어, 혹은 프랑스어를 배우고 이를 유창하게 구사할 수도 있다. 하지만 나머지 인구의 대부분은 오로지 아랍어만 사용한다. 그런데 '아랍의 봄'이 거대한 대중 혁명이었다는 점을 고려했을 때 그 자리에서 사용된 언어는 아랍어였고 이 상황을 전한 것 또한 아랍의 방송 알 자지라였다. 대부분 영어를 사용하던 서구 언론들은 아랍어 전문가를 구하기도 수월하지 않았기 때문에 혁명을 해석하고 보도하는 데 많은 어려움을 겪었다. 현지 가이드나 통역에 전적으로 의지할 수만은 없는 상황이었기 때문에 그들의 발언이 사실인지 아닌지 확인하기 위해 영어나 프랑스어로 된 아랍의 인터넷 사이트를 이용했다. 아랍의 인터넷 이용자들은 인터넷이 영어에 대해 더 개방적이기 때문에 자신이 아랍어로 표현할 수 있는 것들을 영어로 표현하곤 했다. 그리고 그들은 아랍어와 영어 두 언어를 모두 사용하게끔 됐다.

여기에 문제의 핵심이 있다. 인터넷에서 찾을 수 있는 아랍의 정보들은 젊고, 활동적이며, 학위를 가지고 있는 사람들이 작성한 것들이다. 어쨌든 미국화되고 기술 이데올로기에 노출된 소수의 아랍 엘리트들일 가능성이 높다. 물론 이런 엘리트들의 의견이라고 해서 대중의 의견과 달리 정당성이 없다고 할 수는 없다. 또한 그들 중 몇몇은 실제로 혁명 과정에서 매우 용기 있는 행동을 보여 주기도 했다. 그러나 그들은 소수에 불과하다. 이런 전후 관계에도 불구하고 우리는 소수의 그들이 서구의 언어로 민주주의를 위해 기술적 진보를 이용해 싸웠다는 이유로 그들의 역할을 과대평가하려는 경향이 있다. 하지만 서구 언론은 자신들이 듣고 싶어 하는 말을 해 주는 사람들의 의견만을 들었다는 사실을 그 후로도 한동안 알지 못했다. 특히 그들은 아랍인들의 대다수가 인터넷 혁명가가 주장했던 것과는 달리 민주주의나 세속주의의 결합에 절대 동의하지 않는다는 사실을 뒤늦게야 깨닫게 되었다. 결국 한순간의 열광 뒤에 긴 실망이 뒤따랐다. 인터넷 혁명에 대한 부정적인 암시를 내포하는 '아랍의 겨울'이 닥쳐온 것이다. 인터넷은 '아랍의 봄'의 기원이 아니었다. 그것 때문에 그 혁명의 문제점과 중요성을 이해하는 데 우리는 어려움을 겪고 있다.

다르게 소통하기

'아랍의 봄'에 대한 실례는 일반화할 수 있는 만큼 매우 흥미로운 사건이다. 우리의 생각과는 달리 인터넷은 오늘날 소통 문제의 만병통치약이 아니다. 인터넷에 대해 비판적 거리를 두지 않는다면 그것은 소통이 아니라 불통만을 초래할 것이다.

　우리는 여기서 세 가지 질서를 찾아볼 수 있다. 먼저 언어적 여과 문제다. 현재 인터넷에서 사용되는 언어는 거의 영미 계통의 언어다. 이것은 곧 미국 문화 산업체의 독점적 지배를 설명한다. 그러나 나는 이런 문제가 오래지 않아 해소될 것이라 생각한다. 왜냐면 인터넷은 소수 언어와 문화가 출현할 수 있는 마당을 제공하기 때문이다. 실제로 그런 움직임들이 눈에 띄기 시작했다. 하지만 인터넷의 기술적 불평등 문제는 여전히 극복하기 어렵다. 특히 학교 같은 곳의 정보 통신 시설 확충에도 불구하고 그 골은 좁혀질 줄 모른다. 이 문제는 단지 컴퓨터를 제공하는 것으로는 해결되지 않는다. 우선적으로 전력 제공과 같은 국가적 설비를 확충해야 한다. 현재 저개발 국가나 개발도상국은 비싼 유가와 행정적 무관심, 정정 불안, 기술적 노쇠함 등의 이유로 전력이 안정적으로 공급되지 못하는 경우가 많다. 정전이 너무 자주 발생해서 정보 데이터가 파괴되고 있는 실정이다. 이런 이유로 아프리카에서는 컴퓨터와 인터넷 대신 지속적인 전원 공급이 필요 없는 이동통신 기기가 그 자리를 대신하고 있다. 하지만 오해는 하지 말자. 그들의 전화기는 선진국의 스마트폰이 아니라 그저 전화를 걸고 받는 수준의 것이 대부분이다. 일반적인 사람들은 이동통신 기기의 영향력을 저평가하기 쉬운데 '아랍의 봄'을 예로 들면 그곳에서는 인터넷보다 이동통신 기기가 더 결정적인 역할을 담당했다. 우선 그것은 이동이 자유로우며 사용이 간편하고 특히 직접적으로 목소리를 교환할 수 있다는 점에서 큰 장점을 가지고 있다.

인터넷이 비난받는 이유 중 가장 큰 것이 즉시성이다. 물론 기술적 관점에서 그것은 환상적인 것이다. 단 한 번의 클릭으로 글이나 이미지, 음악을 지구 끝에서 끝으로 보낼 수 있다. 그럼에도 이런 기능은 결국 이용자에게 하나의 굴레가 되었다. 우월한 가능성은 어느새 피하기 힘든 강요가 되었다. 정보 매체의 가장 큰 공포는 전송할 것이 아무것도 없는 상황이다. 피가 흐르지 않으면 사람이 죽듯 그곳의 침묵은 곧 죽음을 의미하는 것이다. 그렇기 때문에 인터넷에는 끊임없이 정보가 흘러 다닌다. 이런 병적인 수다야말로 비판적 거리 두기를 방해하는 가장 큰 원인이다. 인터넷은 세상 모든 곳에 즉각적으로 정보를 제공해야 하기 때문에 다듬어지지 않은 사실을 흘려보내고 냉철한 숙고보다는 즉각적 반응을 조장한다. 결국 정보는 뜻밖의 요행이나 유행, 일상적인 소모품으로 전락하고 만다. 이런 상황은 후쿠시마 재앙에서 분명하게 나타났다. 쓰나미와 그에 따른 처참한 피해 현장이 몇 주에 걸쳐 방송 뉴스 화면으로 사용되다가 어느 순간 영국 왕실의 결혼식이 그 뒤를 이었다. 드라마틱한 이미지와 행복한 이미지가 교차하는 것이 균형적이기 때문이다. 하지만 정작 아주 중요하고 근본적인 사회적 문제는 논의조차 되지 않았다. 수백 년 동안 지속될 방사능 유출 문제나 핵의 안전성에 관한 논의는 설 자리를 잃었다. 똑같은 질문을 '아랍의 봄'에 대해서도 할 수 있을 것이다. 이 혁명이 처음에는 전 세계인들에게 민주주의를 열망하는 아랍인들에 대한 연민을 불러일으켰지만, 막상 이슬람 원리주의 정부가 권력을 장악하자 그 관심이 즉각적으로 수그러들었다. 정보 산업은 이것이 바로 시사 뉴스의 법칙이라고 말하지만 시사 뉴스의 법칙 따위는 없다. 그들에게는 지속적으로 새로운 정보로 교체해야 하는 기술적 법칙만 존재할 뿐이다. 그들에게는 특정 문제를 숙고하는 지적 법칙은 존재하지 않는다.

그렇다고 컴퓨터 선을 절단하고, 인터넷을 고발할 것인가? 기술적 성공은 우리가 그것을 삶과 사고의 새로운 방식이 아니라 단지 기술 자체로 취급했을 때 가치가 있다. 우리는 왜 우리의 삶을 최신 기술을 위해 희생해야 하는가? 왜 인터넷은 라디오와 텔레비전, 심지어 책마저도 무용한 것으로 만들려 하는가? 이것이 바로 내가 정보-소통 기술들의 다양성과 그 기술에 적합한 사용을 강조하는 이유다. 우리 세상은 언어와 문화, 사상, 종교, 기술 등과 같은 모든 차이점들이 결합한 결과다. 소통하는 것은 모든 차이점을 수용하는 것이며 좋은 것이든 나쁜 것이든 가능한 많이 그것들과 공존하려고 노력하는 것이다. 결국 대화와 평화적 공존의 세계화는 또 다른 세계화를 위해 우리가 지불해야 할 대가다.

결론

문화 공존을 사고하는 것은 세계화의 세 기둥을 세우는 것이며 전 세계적으로 민주 정치의 기초를 쌓는 것이다. 또한 이것은 소통의 개념에 가치를 부여하는 것이자 정치적 기획 없이는 문화 간 소통이 존재할 수 없다는 사실을 기억하는 것이다. 그렇지 않으면 문화 정체성은 배타적 공동체주의와 공격적 정체성의 유혹 안에 갇히게 될 위험이 있다. 그러므로 우리는 정체성과 문화, 소통의 관계에 대해 매우 심각히 고민해야 하며 세계화 시대에 이들의 정치적 위상을 제고해야 한다.

만약 국제 공동체가 경제나 정치만큼 중요한 이 삼각관계를 인식하는 데 도달하지 못한다면 그것은 정치 세계화와 경제 세계화 이후에 오는 정보-소통의 세계화의 붕괴를 의미할 것이다.

문화적 도전은 세계화의 지평이다. 문화 공존을 구축하는 것은 또한 남북문제나 환경 문제의 평화적 해결을 위해 결정적인 조건이다. 왜냐면 사람들은 언제나 경제적 이익만큼 그들의 정체성과 문화, 사회적 관계 모델 등을 위해 투쟁했기 때문이다. 이것들은 세상에 대해 사고하며 대표성을 구축하는 기본적인 가치들과 관련되어 있다. 특히 사람들이 협력하거나 대립하게 만드는 경제적 이익을 위한 투쟁보다 가치를 위한 투쟁에서 더욱 그렇다.

우리의 논의는 절대 학구적인 것이 아니다. 그것은 실제로 우리 생활에 영향을 미치는 정치적인 논의이고 전쟁과 평화에 관한 문제다. 선택은 둘 중 하나다. 국경과 자본, 문화적으로 개방의 세계화가 진행되는 21세기의 가장 중요한 문제가 문화 공존임을 깨닫고 이와 관련해 정치적 논의를 시작할 것인가, 아니면 공산주의의 소멸 이후 2001년 9월 11일 사태와 같은 점차 더 폭력적인 갈등이 나타남에도 불구하고 문화적 문제를 단지 부차적인 일로 치부해 버릴 것인가 하는 것이다. 우리의 선택에 따라 우리가 지불해야 하는 정치적, 인적 비용도 달라질 것이다. 실제로 지리적, 물리적 거리의 소멸이 문화적 거리의 넓이를 더 확연히 드러냈다.

문화-소통과 관련된 정치적 접근은 서구의 호화로운 상아탑이 말하는 '문명의 충돌'을 예방할 수 있다. 문명 간의 전쟁은 지식과 정치가 문화와 소통과 관련된 해결책을 도출해 내는 데 실패할 경우에만 발생할 것이기 때문이다. 우리는 국가 차원에서 혹은 국제 공동체 차원에서 행동할 수 있다. 단, 문화와 소통이 경제, 보건, 교육 등에 관련된 것들과 동등하게 중요하다는 조건 하에서 그렇다. 하지만 불행하게도 이들은 현재 같은 수준에 있지 않다.

정보의 세계화는 문화들 간의 거리를 줄이기는커녕 오히려 한 가지 사실에 대해 각 문화가 바라보는 관점이 무척이나 다양하다는 것을 느끼게 해 주었다. 우리는 그동안 정보의 수신자들이 서로 무척이나 다르다는 사실을 잊고 있었다. 오늘날 종교적 원리주의가 테러리즘의 원인 중 하나가 된 것도 어쩌면 세계화의 폐해와 새로운 세상을 위한 공통의 상징적 토대가 없었기 때문일 것이다. 그러므로 문화가 넓은 의미로서 민주적인 공론장에서 논의되지 못한다면 지금의 종교가, 그리고 이후에는 또 다른 가치들이 정치화의 중심 요소가 될 것이다.

정치적 논의가 필요한 문화-소통 문제는 세계인들의 허를 찌르며 갑작스레 등장했다. 그것은 문화-소통이라는 개념의 새로운 의미에 대한 이해로부터 시작한다. 집단적 문화 정체성은 과거의 잔재가 아니다. 또한 문화가 사람들 간의 단순한 친목 요인이 아닌 만큼 소통 역시 단순한 기술이나 경제로 제어할 수 없다. 문화 공존은 국제적 정치 문제이며, 이를 위해 국가적인 차원에서 다문화주의를 사고해야 한다.

문화-소통의 문제에 있어서 우리가 알고 있던 모든 것들은 복잡한 모습으로 나타날 수도 있다. 또한 이것은 경제 세계화만큼이나 위험한 것일 수 있다. 하지만 여기에 역사적 결정론은 적용되지 않는다. 소통의 세계화는 보편주의자들과 공동체주의자들 간에 존재하는 논의를 국가-정부 차원에서 전 세계적 차원으로 확장하는 것이다. 이것은 똑같이 어려운 일이며, 거대한 차원의 도전이라 할 수 있다.

흥미롭게도 보편주의자들은 유엔과 국제 공동체를 조직한 첫 번째 세계화에 영감을 주었음에도 불구하고 현재 세계적 차원에서 제기되고 있는 이 거대한 문제에 대해서, 그리고 우리가 이 책에서 대답하고자 하는 문제에 대해서 그리 많은 논의를 하지 않았다. 그들은 두 가지 잘못된 생각을 가지고 있다. 하나는 정치에서 문화적 현상의 중요성을 무시한 채 세계적 차원의 정치를 구성할 수 있다고 믿고 있는 것이며, 또 다른 하나는 문화적 문제와 관심이 배타적 공동체주의를 강화할 것이라고 생각하는 것이다. 예를 들면 이슬람 원리주의 폭탄 테러가 모든 극우적 정당과 단체의 급부상을 이끌어 냈다고 생각하는 것인데, 이것은 아주 위험한 생각이다.

다음의 다섯 가지는 문화 공존을 위해 무척 중요한 논의가 될 것이다.

1. 문화-소통, 이 둘의 중요성은 정치적 도전이며 경제 세계화의 대칭점이라는 사실에 있다. 어쨌든 정치적 기획 없이 어떤 문화 간 소통이나 문화 다양성도 존재할 수 없다. 우리는 정체성-문화-소통의 삼각관계 인식이 정치적 기획에 의해 완성되어야만 하는 아슬아슬한 상황에 놓여 있는 것이다. 아니면 문화 공존은 두 가지 좋지 않은 상황에 빠져들게 될 것이다. 폭력적인 문화주의와 배타적 공동체주의가 바로 그것이다. 또한 이것이 문화 공존이 문화 개념이 아닌 정치 개념으로 다루어져야 하는 이유다. 만약 정치적 사고가 그 임무를 완수한다면 우리는 이 세 번째 중추 기둥을 희망할 수 있을 것이다. 하지만 실패한다면 공격적인 문화-공동체주의가 그것을 탈취할 것이다.

2. 문화 공존은 세 가지 행동을 필요로 한다. 첫째, 국가적, 국제적 수준의 법적 규제가 필요하다. 둘째, 세계화를 제어하기 위한 국제기구의 역할을 강화해야 한다. 셋째, 국제 관계에 있어 정체성-문화-소통의 새로운 삼각관계를 인식해야 한다. 이 세 가지 경우 모두가 국가-정부의 역할을 재평가하고 탈규제 이데올로기에 의해 지배되는 경제 세계화의 팽창 과정을 되도록 빨리 완해시킴으로써 이루어질 수 있다. 국가는 현대사회의 이질적 요소들을 관리하기 위한 필요조건이며 정체적, 공동체적, 민족적 표류를 감소시킬 수 있다. 20세기가 동질성에 대한 유혹에 이끌렸다면 21

세기 초는 이질성의 중요성을 재발견하면서 시작되었다. 비록 국가-정부가 한 세기 전과 같이 막강한 힘을 가지고 있지 않다고 할지라도 우리는 민주주의 발전의 3단계, 즉 정치적 민주주의 정착의 18세기와 19세기, 사회적 민주주의의 20세기, 문화 공존의 민주주의를 위한 21세기에 보여 준 그들 역할의 중요성을 기억할 수 있다. 모든 경우에 국가는 아주 핵심적인 역할을 수행했다.

3. 문화와 근대화 사이에 선택의 여지는 존재하지 않는다는 것을 알아야 한다. 우리는 이 둘 모두를 보존해야 한다. 어떤 요소도 지난 50여 년 동안 지속적으로 평가절하된, 또한 현재의 개방과 속도의 이데올로기에 맞서 균형추 역할을 담당하고 있는 전통에 비해 독점적인 우선권을 가질 수 없다. 더 개방된 사회일수록 전통에 더욱 기대게 된다.

4. 문화-소통의 문제에 의해 구성된 새로운 정치적 도전은 마침내 지난 한 세기 동안 전혀 다루어지지 않았던 소통 개념에 가치평가와 이론적 위상을 부여할 것이다. 이 개념은 드디어 무관심의 굴레에서 벗어나 문화의 개념 못지않게 중요한 것으로 인식되기에 이르렀다. 오늘날 세계적 차원의 기술은 있지만 세계적 차원의 소통은 존재하지 않는다. 문화-소통과 함께 모든 것은 개방될 것이다.

5. 마지막으로 타자와의 관계에 있어 민주적이고 평화로운 방식을 추구하고 실행하는 것이다. 타자는 더 이상 추상적이거나 멀리 떨어져 있는 존재가 아니다. 그렇다고 더 친숙하거나 이해할 수 있는 존재도 아니다. 하나의 사회적 현실로서 부정할 수 없는 이 타자는 문화적 다양성의 모든 요소와 사회적 차원의 관계를 만드는 모든 요소들을 인식하도록 강요한다. 현대에 들어 실제 이상으로 가치 평가된 대중매체는 집단적 정체성을 보호하고, 위협의 느낌 없이 타자의 존재에 익숙해지기 위한 중간 수준의 특권적 접근법을 설정한다. 과거에는 극히 제한적이었던 중산층 계급과 문화의 존재는 또한 개방과 문화 다양성을 수용하기 위한 선결 조건인데, 왜냐면 그들은 일종의 안정성을 제공하기 때문이다. 중간 계층과 대중문화는 세계화의 충격에 직면해 현대사회의 뿌리가 되고 있다. 우리가 안정되어 있을 때 타자에 대한 개방 역시 더 쉬워질 것이다. 그러나 애석하게도 이런 상황은 근대화에 들어서고, 자신들의 전통을 지키며, 통합을 유지하고, 타자에 대한 개방을 동시에 이뤄야 하는 남쪽, 즉 개발도상국과 그곳의 사람들에게는 쉬운 일이 아니다.

모든 문화의 가장 핵심적인 요소인 시간과 공간에 대한 숙고 없이는 이타성에 대한 친화 과정 역시 있을 수 없다. 속도와 국경의 초월에 특권을 부여한 근대화는 보다 천천히 갈 것을 요구하는 타자와 대화하는 법을 배워야 한다. 이러한 느린 대면은 타자와의 관계에서 중요한 부분이다. 만약 기술 혁명이 물리적인 거리로부터 해방되도록 만들었다면, 그것은 이제 문화적 거리 극복의 어려움을 뜻하게 되었다. 달리 말하면 문화 공존은 만남의 조건으로서 경험과 시간, 원류, 전통, 지리학 등의 중요성을 일깨운다. 문화 공존은 근대화 이데올로기가 시대에 뒤처진 유물로 취급했던 문화, 전통, 종교, 생활양식 등에 대한 가치 평가를 새로이 할 것이다.

문화 공존의 문제가 준 가장 아름다운 교훈은 정보 사회의 주제에 대한 사고를 완전히 바꿔 버린 데 있다. 정보 사회의 테마는 지난 10여 년 동안 디지털 정보 기기와 이동통신, 영상 기기에 의한 상호 접속 덕분에 사회의 진보된 미래로서 소개되었다. 정보 사회는 정치적, 사회적, 문화적 구분으로부터 해방되도록 만들어야 했으며 연결망은 상호작용적이고 자유로우며 동시에 위계질서 없는 사회 모델을 설립했어야 했다. 그런데 거기서 우리가 발견한 것은 무엇인가? 타자의 편재성과 함께 그들과의 공존 강요, 문화와 사람들 간의 소통 부재, 종교적 근본주의, 테러리즘과 타자를 향한 증오뿐이다. 그곳에서 모든 것은 유동하고, 빠르며, 상호작용적이고, 온라인상에 존재하는 것이 되어 버렸다. 우리는 이제 저항과 몰이해, 거부와 대면하게 된 것이다.

현실에서 문화 공존의 문제는 정보 사회의 기술 신화에 대한 응답이다. 정보 사회는 역사를 포기했지만, 문화 공존은 그것을 다시 불러올 것이다.

문화 공존은 정보 사회의 기술적 기획에 대한 대안적인 정치다. 연결망은 사회의 복합성에 부딪친다. 그것은 교환을 창조하기는커녕 소통의 거대한 어려움만을 드러낸다. 기계는 타자에 대해 많은 것을 검토하지 않는다. 사람들, 문화, 역사, 사회들은 속도와 접속, 유동성을 압도한다. 정보 사회에서 사람들은 그저 연결망의 끝에 있을 뿐이지만, 문화 공존에서는 사람들이 규범과 가치의 곁에 존재한다. 문화 다양성은 미래 사회의 진정한 부가 될 것이다.

소통의 두 가지 요소에 대한 상징적인 수치가 있다. 그것은 세상에 휴대폰의 숫자만큼, 즉 10억 명이나 되는 인터넷 이용자들이 있다는 것이다. 더 많은 사람들이 인터넷 서핑을 하면 할수록 또한 그들은 더욱더 직접적인 대화를 원한다.

사실 세 번째 세계화의 정치적 도전으로서 문화 공존의 부상은 기술과 정치가 오랫동안 대면하고 있는 소통의 두 가지 철학을 보여 준다. 첫째는 기술과 시장의 약속으로부터 시작해 개인과 집단이 연결망 속에서 거대한 공동체를 형성하며 자유로이 유영하는 정보 사회를 창조할 수 있다고 생각하는 것이다. 둘째는 인본주의적 정의와 소통의 정치학으로부터 문화들 간의 공존을 조직하며 상호 이해의 기반을 확립하는 것이다.

20세기의 마지막 20여 년이 통신 기술과 경제에 의해 지배되었다면, 21세기 초는 문화적 충돌과 테러리즘의 발현으로 인본적인 정의와 소통 정치학의 중요성을 재발견하게 되었다.

또 다른 세계화

펴낸날	초판 1쇄 2012년 8월 31일
	초판 2쇄 2018년 10월 4일
지은이	도미니크 볼통
옮긴이	김주노
펴낸이	심만수
펴낸곳	(주)살림출판사
출판등록	1989년 11월 1일 제9-210호
주소	경기도 파주시 광인사길 30
전화	031-955-1350 팩스 031-624-1356
홈페이지	http://www.sallimbooks.com
이메일	book@sallimbooks.com
ISBN	978-89-522-1953-4 03300

※ 값은 뒤표지에 있습니다.
※ 잘못 만들어진 책은 구입하신 서점에서 바꾸어 드립니다.